LE CLUB MÈNE LA DANSE

GRAND GALOP

LE CLUB MÈNE LA DANSE

BONNIE BRYANT

TRADUIT DE L'AMÉRICAIN
PAR ANOUK JOURNO-DUREY

BAYARD JEUNESSE

Merci à Kimberly Brubaker Bradley.

Titre original
SADDLE CLUB n° 77
Rocking Horse

Loi n°49 956 du 16 juillet 1949
sur les publications destinées à la jeunesse.
Dépôt légal décembre 2003

ISBN : 2 747 007 72 3

Avertissement

Que tu montes déjà à cheval ou que tu en rêves,
que tu aimes le saut d'obstacle, la randonnée
ou la vie des écuries,
la série **Grand Galop** est pour toi.
Viens partager avec Carole, Steph et Lisa,
les secrets de leur centre équestre préféré.

Le Club du Grand Galop

Carole, Steph et Lisa
sont les meilleures amies du monde.
Elles partagent le même amour des chevaux
et pratiquent leur sport favori au centre équestre
du Pin creux. C'est presque leur unique sujet
de conversation. À tel point qu'elles ont créé
en secret le Club du Grand Galop.
Deux règles à respecter pour en faire partie :
être fou d'équitation
et s'entraider coûte que coûte.

1

– Oh, nooon !

À tâtons, Lisa Atwood chercha l'interrupteur de son réveil. « Je n'aurais jamais dû emporter ce machin-là ! » se dit-elle, parvenant enfin à faire cesser la sonnerie stridente. Mais, de toute façon, il fallait bien se lever… À côté d'elle, emmitouflées dans leurs sacs de couchage, Stéphanie Lake et Carole Hanson, ses deux meilleures amies, se réveillaient aussi.

– Sept heures ! soupira Lisa. La nuit a été trop courte…

– J'ai mal aux jambes ! gémit Steph.

– Et moi, aux bras, dit Carole.

– Moi, aux jambes et aux bras ! pouffa Lisa. Ça promet…

Durant tout le week-end, les trois amies participaient à un concours complet : vingt équipes étaient rassemblées sous un immense chapiteau, en pleine campagne. Les épreuves de dressage et de jumping s'étaient déroulées la veille, à un rythme plutôt rapide ; un peu trop rapide, peut-être… C'est pourquoi, ce samedi matin, Lisa, Carole et Steph se sentaient si fourbues.

– Oui, mais on a été les meilleures… comme toujours ! reprit Steph. L'équipe de « la peste » ne fait pas le poids, hé, hé…

Carole et Lisa éclatèrent de rire. « La peste », c'était Veronica Angelo, une fille riche, hautaine et crâneuse, qui fréquentait comme elles le Pin creux, le club hippique de Willow Creek. Ce week-end, deux équipes représentaient le Pin creux : celle de Carole, Lisa et Steph, et celle de Veronica. Celle-ci concourait avec Betty Cavanna et Meg Durham, deux cavalières d'un niveau moyen. Mais Veronica avait un atout : elle possédait un superbe pur-sang gris appelé Condor, agile et intelligent, devant qui tout le monde s'extasiait.

– Veronica déteste perdre, commenta Lisa. Je parie qu'elle est prête à tout pour que son équipe obtienne aujourd'hui un meilleur score que la nôtre !

– De plus, avec Condor, elle est drôlement favorisée, dit Carole. Il saute comme un kangourou !

– Tu exagères ! marmonna Steph.

– À peine ! Condor est comme Veronica : il n'a peur de rien !

En réalité, les jeunes filles redoutaient un peu l'épreuve prévue pour la journée : un cross particulièrement difficile. Chaque cavalier devrait guider son cheval à travers bois et champs, sur un parcours doté de nombreux obstacles naturels, très impressionnants. On était au printemps, une saison qui réveillait toute l'énergie des chevaux ! Les animaux donnaient d'habitude le meilleur d'eux-mêmes pendant ce genre d'exercices. Alors, déjà que Condor était doué…

– Il saute comme un kangourou, oui… Mais Veronica ne le monte pas si bien que ça, fit remarquer Steph.

– Il y a un autre problème, déclara Lisa, en tendant l'oreille. Écoutez…

Les jeunes filles se turent. Au-dessus de leurs têtes, sur le toit du chapiteau, l'eau crépitait avec régularité.

– Mais… il pleut ! s'exclama Steph.

– Alors là, on n'a pas de chance ! fit Carole. Un cross dans ces conditions, ce n'est pas rigolo !

– Avec les chevaux fatigués par les épreuves d'hier, ajouta Lisa avec dépit, ça promet…

Un léger hennissement l'interrompit, puis un second s'éleva, et un troisième… Les chevaux des trois amies étaient installés dans des écuries provisoires, juste à côté de l'espace « dortoir-sellerie ». Comme chaque équipe, Lisa, Carole et Steph avaient passé la nuit sur des lits de camp, dans un petit recoin où elles avaient également rangé l'équipement de leurs montures. Carole se leva d'un bond :

– Action, les filles ! Ils ont faim !

Elle était la maîtresse de Diablo, un jeune hongre au crin noir, qu'elle adorait. De même, Steph aimait de plus en plus Arizona, la jument baie demi-sang, un cadeau de ses parents. Lisa, quant à elle, espérait qu'un jour elle aurait aussi son propre cheval... Pour l'instant, elle montait Prancer, une jument pur-sang du Pin creux à laquelle elle était très attachée. Les trois chevaux avaient été longuement préparés pour ce concours complet, et la veille, ils avaient montré une forme éblouissante. Mais sous la pluie, comment se comporteraient-ils ?

Les jeunes filles rangèrent leurs sacs de couchage dans la malle prévue à cet effet, puis enfilèrent des chaussettes et des bottes de caoutchouc. Aussitôt prêtes – elles avaient dormi tout habillées, ce qui était ultra-pratique ! –, elles se répartirent les tâches : Lisa irait chercher de l'avoine, Steph de la paille, et Carole de l'eau. Elles-mêmes ne prendraient leur petit déjeuner qu'après s'être occupées de leurs chevaux. Normal !

Elles se retrouvèrent quelques minutes plus tard devant le premier box, celui de Diablo.

– Non… Dites-moi que je rêve ! gémit Carole, les yeux fixés au sol.

Steph et Lisa poussèrent une exclamation de stupeur : la litière était humide, presque mouillée, et il y avait des flaques d'eau au pied du chapiteau, sous la mangeoire. Par chance, Diablo, lui, ne paraissait pas dérangé pour autant.

– Il a tellement plu que l'eau s'est engouffrée sous la tente, commenta Steph d'un ton irrité. Et…

Elle alla jeter un coup d'œil dans les deux autres stalles.

– C'est pareil chez Arizona et Prancer.

– Exact, dit Lisa en vérifiant à son tour. On est dans le pétrin…

– Il faut vite assécher les flaques, déclara Carole. Hier, j'ai vu des bacs de sciure et de copeaux à l'entrée du chapiteau. À mon avis, les organisateurs les ont laissés là-bas exprès. Ils veulent s'assurer qu'on sait prendre des initiatives !

Lisa et Steph acquiescèrent. Pour tout ce qui concernait les règles d'hygiène et les soins vétérinaires, Carole était la plus savante des trois. Tant mieux, parce que, parmi les épreuves du week-end, il y en avait une que craignait la majorité des participants : celle d'hippologie. Ce serait la dernière – elle clôturerait la rencontre dimanche matin – ; ce serait aussi la moins drôle : face à une tribune de juges très sévères, chaque équipe serait interrogée sur l'entretien des écuries, la santé des chevaux… Bien sûr, l'apparence – tenue, style… – du cavalier et du cheval serait aussi notée.

– Je me demande s'il y a le même problème chez Veronica, lança Steph tandis qu'elles retournaient dans la travée centrale.

L'équipe de Veronica Angelo avait été placée en face de la leur.

– La pluie, c'est pour tout le monde ! remarqua Lisa.

– Oui, mais quand même, insista Steph en esquissant une grimace. Elle, elle mériterait d'être arrosée un peu plus que…

– On bouge ? la coupa Carole avec impatience. Je vous signale qu'on peut être contrôlées à n'importe quel moment : une litière humide, c'est au moins trois points de retirés !

En effet, une autre épreuve se déroulait en permanence durant ce week-end : différents juges allaient et venaient parmi les participants, surgissant à l'improviste pour vérifier si chevaux et stalles étaient bien entretenus. Le moindre oubli, la moindre maladresse ou erreur étaient pénalisés.

– Tu as raison, dit Lisa. Dépêchons-nous ! On s'occupe des flaques d'abord, puis on nourrit les chevaux...

– Et ensuite, on mange, acheva Steph. Moi aussi, je meurs de faim !

Munies de seaux, elles traversèrent rapidement le chapiteau, se dirigeant vers l'entrée. À gauche se trouvait la cafétéria ; à droite, les douches et les toilettes.

– Où as-tu vu des bacs de sciure ? demanda Steph à Carole.

– Ils étaient là hier soir... Ah, là-bas ! dit Carole en tendant un doigt vers des containers métalliques rangés derrière la cafétéria.

Quelques instants plus tard, leurs seaux remplis de copeaux, les trois amies s'apprêtaient à rejoindre leurs chevaux lorsqu'une voix masculine les héla :

– Bonjour, les filles ! Comment ça va ?

C'était Phil Marsten, le petit ami de Steph. Il fréquentait un autre club hippique, mais à chaque concours il retrouvait Steph. Du coup, tous deux devenaient rivaux ! Cette fois, Phil avait formé une équipe avec Mark et Tony, deux excellents cavaliers.

– Ça pourrait aller mieux, avoua Steph

comme il s'approchait. On a des petits problèmes...

Elle lui expliqua brièvement ce qui se passait. Phil hocha la tête :

– Vous n'avez pas de chance. Chez nous, c'est sec ! Je vous donne un coup de main ?

– Merci, on se débrouillera, lui assura Carole.

– De toute façon, les juges n'apprécieraient pas qu'on se fasse aider comme des débutants, observa Lisa.

– Pourquoi ? s'étonna Phil. Le règlement n'interdit pas qu'on se rende service !

Mais Lisa ne l'écoutait plus, les yeux rivés sur un jeune homme brun au visage timide qui s'avançait vers eux. C'était Mark. Elle l'avait vu la veille, lorsque Phil leur avait présenté son équipe. Et il lui avait plu... Il était très mignon, et surtout aussi passionné de chevaux que ses amies et elle-même.

– Salut, tout le monde, dit Mark.

Il fit la bise aux jeunes filles. Lorsque vint son tour, Lisa se sentit curieusement troublée. Afin de se donner une contenance, elle reporta son attention sur Steph et Carole, qui étaient en train de décrire l'état des écuries. Comme Phil, Mark proposa aussitôt de les aider.

– C'est sympa, mais on y arrivera toutes seules. Enfin, j'espère ! plaisanta Steph.

– Si on s'y met tout de suite, renchérit Carole. Il est déjà huit heures !

– Alors, on file, dit Lisa. À plus tard…

Elle sourit à Mark, qui se contenta de lui adresser un signe amical. La jeune fille éprouva une légère déception qu'elle chassa bien vite. Elle avait des préoccupations bien plus importantes !

***

Dès que sa mangeoire fut remplie, Diablo se mit à dévorer avec appétit. Carole, Lisa et Steph le regardèrent en souriant : elles aimaient voir un cheval content… Après quoi, chacune transporta les seaux de copeaux d'avoine et d'eau dans le box de son cheval. Elles avaient prévu que, en moins d'une demi-heure, les animaux devraient retrouver une litière propre, sèche, sans la moindre flaque d'eau à proximité. Mais ce samedi matin, la malchance les poursuivait... Steph poussa un cri perçant :

– Vite ! Venez voir !

Lisa et Carole la rejoignirent en courant.

– Arizona est malade ? s'écria Carole.

– Non... Sa queue ! Regardez ! balbutia Steph.

À leur tour, Lisa et Carole laissèrent échapper un cri : la queue d'Arizona, habituellement lisse et d'une propreté parfaite, était toute maculée de boue ! Au bord des larmes, Steph s'approcha, glissa une main dans les poils souillés.

– La boue est encore humide... Qui m'a fait ce coup-là ? Qui ? répéta-t-elle en haussant le ton.

– Calme-toi, lui conseilla Lisa.

Facile à dire... À l'évidence, quelqu'un voulait nuire à Steph. Mais il ne fallait surtout pas que la jeune fille fasse un scandale :

l'attitude des cavaliers était également notée durant ce week-end de compétition.

– On a volontairement sali la queue d'Arizona ! C'est trop grave ! clama Steph, tellement indignée qu'elle en tremblait.

– Steph, essaie de te calmer, s'il te plaît, la supplia Carole. On va t'aider. Tu sais bien qu'on s'aide toujours, non ?

Steph se mordit nerveusement la lèvre inférieure. Carole avait raison : les règles du Club du Grand Galop, créé en secret par les trois amies, prévoyaient de s'entraider à tout moment. Bien sûr, il fallait adorer les chevaux et l'équitation ! Mais, entre elles, la solidarité était essentielle.

– Qu'est-ce qu'on va faire ? murmura-t-elle, déprimée.

Carole et Lisa gardèrent le silence, les yeux dans le vague. Sans doute pensaient-elles la même chose…

– Allez, on ne se laisse pas abattre ! lança Carole avec véhémence. On va nettoyer Arizona.

– Moins on attendra, plus ce sera facile,

ajouta Lisa. La boue n'aura pas le temps de sécher…

– Et, qui sait, on aura peut-être terminé avant que personne ne se rende compte de quoi que ce soit ? conclut Carole.

Mais, décidément, ce matin-là, le mauvais sort persistait… Car au même moment une femme d'un certain âge faisait irruption dans le box d'Arizona, un carnet à la main. C'était l'un des juges ! Le visage de Steph se décomposa.

– Madame, s'il vous plaît, ne nous sanctionnez pas… On est victimes d'un attentat, et…

– Un attentat ? la coupa l'inspectrice en fronçant les sourcils. Vous exagérez sûrement.

Lisa et Carole échangèrent un coup d'œil. Steph exagérait toujours. Elle était si théâtrale ! Un mauvais point de plus…

Steph soupira :

– Oui, d'accord, j'admets : ce n'est pas un attentat, mais…

– Un coup monté, affirma posément Lisa.

– Allons donc ! fit la juge. Un coup monté…

Son regard s'attarda sur la queue terreuse d'Arizona :

– Qui me le prouve ? Moi, je ne crois que ce que je vois. Et là, je vois un cheval crotté, très mal entretenu. Une pénalité s'impose.

Scandalisée, Steph ouvrit la bouche pour protester, mais Carole et Lisa lui firent signe de se taire.

– Vous aurez certainement l'occasion de vous rattraper, dit la juge en s'éloignant.

Les trois jeunes filles restèrent silencieuses un long moment, abasourdies. Ce qui venait de se passer était si injuste ! Elles avaient été doublement piégées.

– On ne peut rien faire, marmonna Carole.

Le regard sombre, Steph esquissa une grimace :

– Pour l'instant, en tout cas. Mais elle aura de mes nouvelles.

– Elle ? répétèrent Lisa et Carole d'une seule voix.

– La peste, lâcha Steph. C'est elle, évidemment.

– Mais tu n'as aucune preuve ! observa Carole.

Steph lui adressa un petit sourire moqueur :

– Non, mais j'ai de la jugeote ! Ni Betty, ni Meg ne seraient capables de faire un truc pareil. Donc, il n'y a que Veronica. Elle a dû venir ici quand on était en train de remplir les seaux, tout à l'heure.

– Avec Mlle Angelo, tout est possible..., murmura Lisa.

Veronica n'hésitait jamais à tricher pour être la meilleure, pour briller en public. Or, comme elle n'avait pas accepté qu'au dressage et au jumping, son équipe ait été moins performante que le Club du Grand Galop, peut-être avait-elle eu envie de se venger en douce...

– Même avec un cheval comme Condor, elle a besoin d'agir comme ça ! ajouta Lisa. Pauvre Arizona...

Elle lui caressa le bout du nez, et poursuivit, pensive :

– Malheureusement, on ne peut rien prouver. Personne n'a vu Veronica entrer dans le box d'Arizona.

– Ce qui est sûr, si c'est vraiment elle, c'est qu'elle n'a aucune confiance, ni en elle, ni en Condor, poursuivit Carole. Et ça veut aussi dire qu'elle sait à quel point on est douées… Alors, elle essaie de saboter nos chances !

– Et elle risque de réussir, grommela Steph en secouant la tête. Jamais mon cheval n'a été aussi sale. Quelle honte ! Cette fille est une sorcière…

2

Steph, Carole et Lisa se relayèrent pour nettoyer et peigner la queue d'Arizona. La boue s'était incrustée dans les crins, mais leurs efforts furent couronnés de succès : une demi-heure plus tard, personne n'aurait pu deviner l'acte de malveillance dont avait été victime la jument de Steph. Ensuite, Steph la pansa soigneusement pendant que ses amies changeaient les litières de leurs chevaux. Après quoi, enfin, elles allèrent toutes trois prendre leur petit déjeuner à la cafétéria.

– Ouf ! On a bien travaillé, commenta fièrement Lisa.

– On est prêtes pour une seconde inspection, plaisanta Carole. Cette fois, on aura des bonnes notes !

– On *aurait* des bonnes notes, rectifia Steph. Parce que je doute qu'on soit inspectées une deuxième fois ce matin.

– C'est sûr… Pour les organisateurs, une fois, ça suffit ! admit Lisa.

Elle jeta un coup d'œil circulaire, espérant revoir Mark. Mais il n'était pas là. Alors, l'espace de quelques secondes, la jeune fille oublia le concours hippique, Veronica et ses méchancetés… Elle venait de se rappeler que le week-end suivant aurait lieu un grand bal au collège de Willow Creek. Un très grand bal… où elle aurait le droit d'inviter qui elle voulait. Pourquoi pas Mark ? Un bref instant, elle s'imagina dansant dans ses bras…

– Lisa ? À quoi tu penses ? demanda

Steph. Aux malheurs d'Arizona, j'espère !

Tirée de ses réflexions, Lisa ne put retenir un sourire :

– Raté ! Au bal.

– Quel bal ?

– Celui de notre école, patate ! lança Carole à Steph. Bon, d'accord, tu n'es pas concernée...

Carole et Lisa fréquentaient le même établissement scolaire, alors que Steph était inscrite dans une institution privée.

– Mais si ! protesta Steph, une étincelle malicieuse au fond des yeux. Vous m'invitez, j'espère ? Avec Phil, hein ?

– Ben voyons ! se moqua Carole. Le problème, c'est qu'on ne peut inviter chacune qu'une personne.

– Non, deux, rectifia Lisa. Exceptionnellement, on a le droit. La directrice l'a dit l'autre jour.

– Génial ! fit Steph, qui avait retrouvé sa bonne humeur. Alors, toi, Carole, tu nous invites, Phil et moi. Et toi, Lisa ? Tu vas inviter quelqu'un ?

Les trois amies se détendaient enfin. Rire, bavarder de tout et de rien : voilà ce dont elles avaient besoin afin d'être en pleine forme pour l'épreuve de cross !

– Je ne sais pas encore, avoua Lisa. Mais j'ai une petite idée…

– Hum… Elle est comment, ton idée ? plaisanta Steph. Tu ne penserais pas à un garçon brun et architimide, par hasard ?

Lisa ne put cacher sa stupéfaction :

– Mais…

– Hé, on a remarqué comment tu regardes Mark ! pouffa Steph.

Gênée, Lisa détourna les yeux :

– L'ennui, c'est que je n'oserai jamais le lui proposer… Je ne le connais pas !

– Ne t'inquiète pas, on trouvera une solution, promit Carole. Le Club du Grand Galop a une nouvelle mission : tout faire pour que Mark et Lisa puissent danser ensemble au bal de la semaine prochaine !

– En attendant, le Club du Grand Galop a une autre mission, reprit Steph.

– Battre l'équipe de Veronica au cross,

déclarèrent Lisa et Carole en chœur.

Mais ça, dans l'esprit des trois amies, c'est comme si c'était déjà fait.

***

Après avoir avalé un copieux petit déjeuner, les jeunes filles regagnèrent les boxes et préparèrent leurs chevaux. À dix heures précises, elles avaient rendez-vous avec Max Regnery, leur moniteur et le propriétaire du Pin creux pour effectuer, à pied, une reconnaissance du parcours de cross. Avec l'autre équipe du Pin creux, Lisa, Carole et Steph suivraient le circuit tranquillement afin de repérer les différents obstacles, d'évaluer les problèmes de monte… C'était le seul moment du concours où les concurrents pouvaient être aidés de leur instructeur. Une occasion parfaite d'apprendre beaucoup de choses tout en s'amusant !

Mais ce samedi matin, un autre problème surgissait : il avait plu. Tout en achevant de panser Prancer, Lisa ne cessait de songer à quel point la jument détestait le sol détrempé et l'humidité... Prancer se montrait mille fois plus à l'aise à l'intérieur d'un manège. Anxieuse, Lisa rejoignit Carole et Lisa.

– J'ai un peu la trouille, avoua-t-elle. Prancer risque de ne pas être au top à cause de la pluie.

– Diablo aussi, dit Carole.

– C'est pareil pour Arizona, ajouta Steph en soupirant. Et avec ce qui lui est arrivé ce matin, ce sera encore pire !

Les trois amies se regardèrent, et levèrent le pouce en signe de victoire.

– On essaiera de faire le maximum, voilà ! déclara Carole d'un ton énergique.

– Mais si on ne gagne pas, on n'en fera pas une maladie ! dit sagement Lisa.

– Surtout toi, s'esclaffa Steph. Si tu veux séduire ton prince charmant, tu as intérêt à ressembler à une princesse charmante !

Lisa sentit ses joues devenir brûlantes. Sans répondre, elle se dirigea vers la sortie du chapiteau, suivie de Carole et Steph.

« Tout compte fait, je n'aurais pas dû leur parler de Mark ! » pensa-t-elle.

Par chance, il ne pleuvait presque plus, mais l'atmosphère était plutôt automnale. Max les attendait déjà. Il discutait avec Veronica Angelo, tandis que Meg et Betty se tenaient un peu en retrait.

– Brrr… Dire qu'il va falloir supporter cette… fouine toute la matinée ! pesta Steph à mi-voix.

– Ne râle pas trop, lui conseilla Lisa, réprimant un sourire. Max n'aime pas ça !

– Je sais, je sais, le repérage doit se faire dans le calme, soupira Steph. Je vais tenir ma langue, promis ! Mais quand même, cette… Miss Chichis, cette… cette…

– Chut ! firent Lisa et Carole en même temps.

Sous le regard sévère de ses deux amies, Steph fut obligée de se taire.

Les jeunes filles s'approchèrent de Max et Veronica. Celle-ci jeta un léger coup d'œil au Club du Grand Galop ; puis, l'ignorant, se tourna vers Max :

– Que disait-on ? Ah, oui…

Elle déplia une carte :

– Voici le parcours officiel. Tous les obstacles sont indiqués : certains sont franchement durs ! Il faudra être prudents, très prudents.

Max prit la carte, la plia et la glissa dans sa poche.

– Merci, Veronica. Ce document nous sera très utile. Bonjour, vous trois, s'adressa-t-il à Carole, Steph et Lisa. En forme ? Prêtes ? Alors, allons-y : le temps presse.

Le groupe s'engagea sur un sentier détrempé qui menait à une vaste clairière où devait avoir lieu le départ du cross. Ensuite Max guida les six jeunes filles pendant un quart d'heure, désignant consciencieusement les difficultés du terrain. Les premiers obstacles semblaient tout à fait abordables. Toutefois, Veronica ne cessait de conseiller à Max de consulter la carte qu'elle lui avait prêtée. Le moniteur se contentait de hocher poliment la tête. Tout le monde supportait tant bien que mal l'excès de zèle de

Veronica... sauf Steph. Elle ne soufflait mot, mais lui lançait des regards exaspérés... et finit par craquer :

– Pff ! À quoi ça sert, cette carte ? Les barrières sont numérotées, les obstacles portent des drapeaux verts... À moins que Veronica ne sache pas lire les indices ! Elle est plus douée pour lire des magazines de mode chez le coiffeur !

Veronica haussa les épaules.

– Parce que, vraiment, Veronica, tes cheveux sont si brillants ! insista Steph avec ironie. Si brillants qu'on dirait une perruque...

– Steph, ça suffit ! ordonna Max.

– Bon...

Steph se tut, mais Lisa et Carole savaient qu'elle n'en pensait pas moins. Comme elles la comprenaient !

Bientôt, le groupe atteignit la deuxième série d'obstacles : des tas de rondins de bois de hauteur différente, mais toujours faciles à franchir. À ce stade du parcours, il ne fallait surtout pas décourager les chevaux, bien au contraire : il s'agissait de leur donner de plus en plus d'élan, de plus en plus confiance en eux… Ensuite, le circuit se compliquerait, d'où l'importance de cet échauffement. Le cavalier et son cheval devaient être en parfaite harmonie pour réussir.

– Jusque-là, il n'y a rien de bien difficile, observa Max. Seule consigne : conservez une allure régulière et calme. C'est essentiel.

– Tout ira bien si le sol n'est pas trop boueux, commenta Lisa avec une pointe d'inquiétude.

– Boueux ? Hum… Il le sera forcément un peu, la prévint le moniteur. En plus, le passage des premiers chevaux rendra la terre encore plus meuble. Tu seras prudente, d'accord ? Et rassure-toi : le but n'est pas de réaliser une performance. Je veux que vous arriviez en forme, sans incident ni accident… Si Prancer n'est pas très vaillante, tant pis ! Ne la brusque pas.

Lisa acquiesça, soulagée par cette réponse.

Quelques centaines de mètres plus loin se

dressait un obstacle plus impressionnant : une clôture recouverte de feuillage, qui masquait une barrière de bois. Lisa, Steph et Carole échangèrent un coup d'œil averti : l'approche de cet obstacle-là serait le premier réel défi du cross. D'autant que, juste avant, il y avait un petit virage bordé d'arbres – un virage serré, plutôt traître…

– Comme vous pouvez le constater, à partir de maintenant les choses se corsent, résuma Max en s'adressant à l'ensemble du groupe. Le cross comporte quelques pièges, et nous sommes là pour les découvrir…

Il désigna l'obstacle :

– Votre cheval n'aimera pas ça du tout. Il sentira le piège. Par conséquent, il est important de savoir l'encourager et de l'aider à se concentrer. Comment ? Eh bien, en lui parlant… et en le guidant avec fermeté. Empêchez-le de regarder ailleurs, et il ne se cabrera pas. Ayez une main de fer dans un gant de velours ! Si vous ne dominez pas votre monture, c'est elle qui vous mènera par le bout du nez…

Sa dernière remarque fut accueillie par un long silence. Ce fut Veronica qui le rompit :

– Merci de ces judicieux conseils, Max. Cela dit, cette clôture n'est pas très haute… Et je suis certaine que nos chevaux réagiront bien. On les aura bien en main !

– Je le souhaite, dit Max. De plus, au Pin creux, nous avons franchi des obstacles plus difficiles. Alors, tu as raison, ça devrait aller…

Et, à la grande surprise du Club du Grand Galop, il sourit gentiment à Veronica. Lisa, Carole et Steph se regardèrent, interloquées : jamais Max ne montrait une telle bienveillance à son égard ! Était-ce parce qu'il repensait à Typhon, le splendide pur-sang appartenant à la riche cavalière, et qui était mort suite à un cross du même genre ? La distraction et le manque de sérieux de Veronica avaient été la cause de ce tragique accident : la jeune fille n'avait pas su aider Typhon à franchir un dangereux obstacle. Max redoutait certainement que la même erreur se reproduise…

Le repérage se poursuivit dans une ambiance plutôt détendue. Veronica marchait à côté de Max, et ce dernier continuait à donner ses recommandations. Derrière, le Club du Grand Galop écoutait patiemment les questions et réponses des membres de l'équipe de Veronica. « On a vraiment l'impression que Max ne parle que pour elles ! » pensa Lisa, un peu irritée malgré tout. Steph, elle, semblait excédée. Et sa colère finit par exploser... Alors qu'ils longeaient un ruisseau agrémenté de petits obstacles, elle lança soudain :

– Tiens, de l'eau pure ! Et si Veronica se lavait les mains ? Au cas où elle aurait encore de la boue sur les doigts... La boue, ça colle, pas vrai ?

Veronica lui jeta un regard noir.

– N'importe quoi !

– Sans blague ? rétorqua sèchement Steph. Tu es sûre que tu as les mains propres ?

– Tu délires, ma pauvre ! répliqua Veronica avec dédain.

– Moi ? Je délire, moi ? s'écria Steph,

hors d'elle. Dites-moi que je rêve ! Cette fille a…

– Ça suffit ! la coupa sévèrement Max. Vous n'êtes quand même pas venues jusqu'ici pour vous chamailler comme des bécasses !

Steph devint rouge de honte ; Veronica également. Mais après un court silence, elle ajouta d'une voix basse et sifflante :

– Ce n'est pas ma faute si, ce matin, Arizona avait la queue pleine de boue… Steph s'occupe mal de son cheval, voilà la vérité…

Steph s'immobilisa quelques secondes, médusée. *« Ce n'est pas ma faute si, ce matin, Arizona avait la queue pleine de boue… »* Veronica venait de se trahir ! Car, hormis Steph, Carole, Lisa et l'inspectrice, personne n'était au courant de la mésaventure d'Arizona et Steph. Personne. Pas même Max. Elle se racla la gorge :

– Veronica, comment sais-tu ce qui est arrivé à Arizona ?

Très droite, Veronica ne se retourna pas.

– Comment se fait-il que tu es au courant ? insista Steph.

Veronica ne répondit pas.

– Ah, ah, ah ! C'est parce que c'est toi qui l'as fait ! railla Steph. Tu es trop, trop dégoûtante ! Tu es…

– Stop, stop et stop ! ordonna Max. Mais enfin, Steph, qu'est-ce que tu as ? Tes problèmes avec Veronica, tu les régleras une fois de retour au Pin creux, d'accord ? Tant que nous serons ici, j'exige une conduite civilisée de la part de tous les cavaliers !

Steph s'excusa ; se rengorgeant comme un paon, Veronica poursuivit son chemin à côté du moniteur. Le groupe resta silencieux jusqu'à la fin du parcours. À plusieurs reprises, Lisa, Carole et Steph se regardèrent sans souffler mot. C'était trop injuste… Veronica avait bel et bien voulu nuire au Club du Grand Galop, et personne ne la sanctionnait !

Dès qu'elles furent rentrées aux écuries, les trois amies se réunirent devant le box d'Arizona.

– Vous avez vu ? C'est bien elle qui a sali Arizona, marmonna Steph. Je vais l'étrangler…

– D'accord, mais le meurtre, tu le commettras après le concours, s'esclaffa Carole.

– Notre meilleure revanche serait de battre l'équipe de Veronica, dit Lisa, logique comme toujours.

– C'est sûr, renchérit Carole. On doit la battre !

Pendant un long moment, Steph resta pensive.

– J'ai du mal à comprendre cette fille, finit-elle par murmurer. Elle a tout dans la vie : un super cheval, des super vêtements, de l'argent…

– Mais il lui manque l'essentiel : du cœur, objecta Lisa. Alors, elle fait du mal aux autres… Elle est jalouse. Jalouse et méchante.

Ses deux amies acquiescèrent en silence.

3

L'épreuve de cross s'avéra moins difficile que prévu. Par chance, à partir du début de l'après-midi, le soleil brilla, réchauffant l'atmosphère et asséchant le sol. Fidèle à sa promesse, le Club du Grand Galop se surpassa, tant en vitesse qu'en habileté : lors du palmarès final, l'équipe des trois amies fut classée quatrième sur vingt. Celle de Veronica n'arriva que quinzième… Le soir, durant le dîner rassemblant tous les concurrents et les moniteurs, Lisa, Carole et Steph furent publiquement félicitées par Max.

– Bien fait pour Miss Peste ! Bien fait ! répéta joyeusement Steph quand, plus tard, les trois amies se retrouvèrent dans leur dortoir.

C'était l'heure de dormir, mais elles n'avaient pas sommeil.

– Parle moins fort, fit Carole. Elle n'est pas loin…

– Et alors ? répliqua Steph.

Mais elle baissa sagement le ton. Grâce à leur excellent score au cross, elles avaient rattrapé la mauvaise note infligée par l'inspectrice le matin même. Ce n'était donc pas le moment de commettre un impair !

Les jeunes filles allèrent souhaiter une bonne nuit à leurs chevaux, puis elles se glissèrent dans leurs sacs de couchage. Ensuite, elles bavardèrent encore un moment, chuchotant discrètement, avant de plonger dans un sommeil réparateur… Sur le point de s'endormir, Lisa pensa à Mark. L'équipe de Phil et la sienne avaient dîné à la même table. Dommage, elle n'avait pas osé adresser la parole au jeune homme. Si seulement elle était moins timide… « Je crois qu'il vaut mieux que je l'oublie », se dit-elle en fermant les yeux. De toute façon, il ne lui avait pas parlé non plus, alors…

***

– Bonne chance, Betty ! lança Lisa.

De l'autre côté de la travée, Betty, en tenue impeccable, menait son cheval hors de l'écurie. On était dimanche matin, et les concurrents se préparaient pour l'épreuve d'hippologie. Lisa espérait très fort que le Club du Grand Galop battrait encore l'équipe de Veronica. Mais ses encouragements étaient sincères : Betty était sympa, elle.

– Merci, répondit Betty, un peu nerveuse. Notre porte-bonheur me manque !

Au Pin creux, avant des épreuves, les jeunes cavaliers effleuraient un fer à cheval à la sortie des écuries pour, disaient-ils, « provoquer la chance ».

– Tout ira bien, tu verras, lui assura Lisa. Et Coconut est superbe, ajouta-t-elle en désignant le cheval que montait Betty. Sa robe est si lustrée ! On dirait de la soie…

Betty lui adressa un sourire reconnaissant. Lisa regarda la jeune fille s'éloigner. Elle comprenait l'inquiétude de Betty : se retrouver devant une tribune de juges pour répondre à des questions pièges, c'était plus qu'intimidant ! Elle-même serait convoquée dans peu de temps et, à cette idée, sa gorge se nouait. Chassant son appréhension, elle retourna dans le box de Prancer et acheva de la préparer. Elle lissait soigneusement le tapis de selle quand Carole l'appela :

– Lisa, s'il te plaît, viens me dire comment tu nous trouves !

Lisa la rejoignit dans sa stalle. Dans une dizaine de minutes, Carole serait la première de l'équipe à passer devant le jury…

– Vous êtes magnifiques ! s'exclama-t-elle.

Elle parcourut Carole d'un regard critique, puis examina Diablo. La robe du cheval brillait de cet éclat dû à des heures et des heures d'entretien régulier. Le cuir de la bride et de la selle luisait tout autant. En habit de rigueur, bien coiffée, Carole elle-même était parfaite. Sauf que...

– Il reste un peu de poussière sur tes bottes, remarqua-t-elle.

– Merci, dit Carole en l'ôtant aussitôt. Tu nous contrôles une dernière fois ? Dehors ?

– D'accord.

Carole conduisit Diablo vers la sortie du chapiteau, et Lisa lui emboîta le pas. À l'extérieur, plusieurs groupes s'étaient déjà rassemblés. Lisa cligna des yeux. Bien qu'il n'y eût pas de soleil, la luminosité était intense. Elle se concentra pour bien regarder Diablo, comme le lui avait demandé Carole : aucun détail ne devait lui échapper !

– R.A.S., conclut-elle en caressant le flanc du cheval. Vous êtes prêts...

Quelques instants plus tard, une voix dans les haut-parleurs annonça Carole Hanson et Diablo. Lisa tapa affectueusement dans la paume de Carole :

– Bonne chance !

Puis elle regagna rapidement leurs stalles. Steph finissait de panser Arizona.

– Ça y est, Carole est en train de se faire examiner de la tête aux pieds, dit Lisa. Bientôt, ce sera à nous…

– J'ai le trac, avoua Steph. Si les juges nous posent des questions trop difficiles…

– Et alors ? On fera de notre mieux ! Après tout, ce n'est qu'un concours !

Pourtant, elle aussi avait le trac… Elle pénétra dans le box de Prancer, jeta un dernier coup d'œil sur la jument.

– Steph, j'aimerais que tu vérifies Prancer…

– J'allais te demander la même chose, s'esclaffa Steph en la rejoignant.

Les jeunes filles scrutèrent mutuellement leurs chevaux, puis s'observèrent à tour de rôle, cherchant ce qui pourrait leur coûter des points.

– Je crois vraiment que ça va, conclut Steph. Prancer est belle comme tout, Arizona aussi…

À ce moment-là, un cri retentit, si perçant qu'elles en eurent la chair de poule, suivi d'un autre, tout aussi strident. Cela provenait des boxes de l'équipe de Veronica. Elles s'y précipitèrent... Et là, elles découvrirent un spectacle stupéfiant : cramoisie, les larmes aux yeux, Veronica brandissait la selle de Condor... Une selle totalement maculée de boue !

– Quelle horreur ! clamait-elle. Mais quelle hor-reur !

Apercevant Lisa et Steph, elle se figea et fit une grimace où se mêlaient fureur et dégoût :

– C'est toi qui m'as fait ça, Steph, hein ? C'est toi ! Tu t'es vengée, pas vrai ? Avoue ! Avoue !

– Mais... ça ne va pas ? balbutia Steph. Je n'ai rien fait !

– Menteuse ! hurla Veronica. C'est toi qui as sali la selle de Condor ! Tu as intérêt à le dire aux juges !

Elle jeta violemment la selle boueuse par terre. Condor tressaillit, effrayé par l'attitude agressive de sa maîtresse. Pressentant que les choses allaient mal tourner, Lisa s'avança, s'efforçant de sourire :

– Veronica, essaie de te calmer…

– Me calmer ? la coupa Veronica. Me calmer ? Moi ? Alors qu'on va m'appeler devant les tribunes dans quelques minutes ? Me calmer ?

– Il le faut, Veronica, intervint Steph. Sinon…

– Toi, tais-toi ! aboya Veronica. Tu ne perds rien pour attendre ! Je te dénoncerai !

– Mais je te dis que je n'ai rien fait ! répéta Steph, le visage crispé de colère. Ta maudite selle, je n'y ai pas…

À cet instant, une voix dans les haut-parleurs annonça Veronica Angelo et Condor. Une expression de panique se refléta dans les yeux de Veronica.

– Mon Dieu ! Je ne peux pas y aller…, murmura-t-elle. Je ne peux pas !

Lisa et Steph échangèrent un coup d'œil. Elles n'aimaient pas Veronica, mais à ce moment précis la jeune fille leur inspirait surtout de la pitié. C'était comme si la selle de son pur-sang avait été plongée dans du chocolat ! Il faudrait des heures pour la nettoyer… En plus, la tenue impeccable de Veronica était également tachée de boue.

– Il faut parler aux juges…, déclara Lisa.

– Et leur expliquer que tu as été victime d'un coup monté, poursuivit Steph. À moins que…

Elle aperçut une flaque d'eau boueuse au pied du montant où était accroché l'équipement de Condor.

– À moins que la selle ne soit tombée là-dedans, hmmm ?

Veronica la fusilla du regard :

– Oui, elle y est tombée, mais pas toute seule !

– Un fantôme l'a poussée, peut-être ? se moqua Lisa, exaspérée. Si tu avais nettoyé ton box, ce ne serait pas arrivé ! Chez nous aussi, il y avait des flaques d'eau, mais on les a asséchées.

– Je m'en fiche pas mal ! Je sais que c'est Steph qui a sali ma selle ! trancha

Veronica. Et je vous assure qu'elle ne s'en tirera pas comme ça…

Ses yeux lançaient des éclairs. « Oh là là ! Ça promet ! » songea Lisa en regardant Steph. Toutes deux savaient que la selle de Condor était tombée dans la boue : il s'agissait d'un simple accident, dont personne n'était responsable. Mais Veronica ne le reconnaîtrait jamais. Pire encore, elle était parfaitement capable d'être de mauvaise foi… et de tout mettre en œuvre pour leur attirer des ennuis.

***

– Décidément, on n'a pas eu de chance, ce week-end, répéta Steph. Entre ce qui est arrivé à Arizona, et ce cauchemar avec Veronica…

Elle exagérait à peine. Il était plus de seize heures et le Club du Grand Galop retournait à Willow Creek, installé dans l'un des vans du Pin creux. Heureusement, Veronica n'était pas là : elle avait décidé de rentrer avec son père, dans la Mercedes familiale conduite par son chauffeur particulier.

Veronica n'avait pas participé à l'épreuve d'hippologie, car elle avait été éliminée. Non pas à cause de la selle boueuse, qui aurait pu laisser croire qu'elle avait mal entretenu son box et l'équipement de son cheval, mais parce qu'elle avait déclenché un véritable scandale public, accusant Steph, accusant les organisateurs, bref, accusant tout le monde ! Max Regnery avait dû intervenir, ainsi que le père de Veronica. Ce dernier avait tenté de minimiser les faits, mais le jury avait été unanime : Veronica Angelo n'avait pas respecté le code de bonne conduite. Elle était donc disqualifiée ; du coup, son équipe aussi. Meg et Betty, terriblement déçues, avaient éclaté en sanglots…

– Oui, mais on a quand même obtenu un bon palmarès, remarqua Carole. On finit cinquièmes sur vingt équipes, c'est pas mal !

– On aurait pu avoir un meilleur score si

Veronica ne nous avait pas embêtées, marmonna Steph. Quelle peste… Quelle plaie !

Meg et Betty, qui faisaient le voyage avec le Club du Grand Galop, toutes pâles, la mine triste, ne disaient mot. « Elles doivent regretter d'avoir formé une équipe avec Veronica », songea Lisa. Puis ses pensées dérivèrent. Ce week-end avait passé si vite… Au moment du départ, elle avait entr'aperçu Phil, Tony et Mark, mais les jeunes gens étaient si occupés qu'elle n'avait pas osé leur dire au revoir. Mais ce n'était pas plus mal. Ce qu'elle avait imaginé au sujet de Mark ne se réaliserait sans doute jamais !

– Au fait, tu as revu Mark ? lui demanda Steph, comme si elle avait lu dans les pensées de son amie.

Lisa secoua la tête :

– On parle d'autre chose ?

– On n'est même pas obligées de parler, dit Carole en bâillant. Moi, j'ai envie de dormir !

Le silence se fit dans le van. Après ces

trois journées mouvementées, tout le monde était fatigué… Tout le monde, sauf Lisa. Ce qui était arrivé ce week-end ne cessait de tourbillonner dans son esprit. Que d'événements ! Et le week-end suivant serait également mouvementé, puisqu'il y aurait le bal… Et même si elle s'y rendait sans partenaire, elle s'amuserait bien ! Elle adorait danser…

4

Mercredi après-midi, comme toutes les semaines, Lisa retrouva Carole et Steph au Pin creux. Leur passion pour l'équitation les poussait à se rendre au centre équestre dès qu'elles avaient du temps libre. Chaque samedi, et parfois le mercredi, elles prenaient un cours avec Max. Ce mercredi-là, une reprise était prévue à quinze heures : Max voulait que ses élèves fassent un bilan de la rencontre équestre du week-end.

– Ah, te voilà enfin ! s'exclama Steph dès que Lisa eut franchi le seuil du vestiaire.

Lisa la regarda avec étonnement :

– Je suis en retard ?

– Non, mais on a une surprise pour toi, dit Carole.

– Ah bon ? Pourtant, ce n'est pas mon anniversaire, s'esclaffa Lisa.

Elle enfila un vieux jean, et un T-shirt qu'elle portait uniquement pour monter à cheval. Carole et Steph étaient déjà prêtes, vêtues elles aussi de tenues pratiques. Au Pin creux, aucune des trois jeunes filles ne prêtait attention à son style vestimentaire : elles aimaient avant tout être à l'aise.

– On espère qu'il te plaira, dit Steph en tendant un paquet à Lisa.

– Un cadeau ? Pour moi ?

Lisa défit l'emballage, et découvrit une ravissante tunique rose pâle, brodée de petits chevaux blancs.

– Waouh ! s'exclama-t-elle. C'est trop mignon ! Mais… pourquoi ?

– Qu'est-ce que tu crois ? Pour aller au

bal, tu dois être la plus belle ! répondit Carole, les yeux brillants.

– Pour plaire à qui tu sais ! renchérit Steph. Je parie que Mark adorera cette tunique... Phil m'a dit que Mark est super-timide, et qu'il est plus téméraire avec les chevaux qu'avec les gens.

Lisa hocha la tête :

– Un peu comme moi...

– Un peu comme nous trois, affirma Carole avec une grimace amusée. Ce qui ne nous empêchera pas de tout faire pour que Mark et toi puissiez danser ensemble samedi prochain !

Lisa s'empourpra. Depuis dimanche, Carole et Steph ne cessaient de la taquiner au sujet de Mark. Elle avait beau leur expliquer qu'elle ne pensait plus à lui – ce qui n'était pas entièrement vrai –, cela ne changeait rien !

– Merci, vous êtes super... Je mettrai cette tunique, c'est sûr ! poursuivit Lisa. Mais je ne vous promets pas que...

À ce moment-là, Veronica fit irruption

dans la pièce, très chic, comme d'habitude : elle portait une culotte de cheval en daim, et un chemisier blanc amidonné et repassé. Dès qu'elle vit Carole, Lisa et Steph, une moue de dédain se dessina sur ses lèvres :

– Bizarre, ça sent comme dans une porcherie, ici…

Puis elle attrapa un sac en cuir dans son casier et pivota sur ses talons.

– Au revoir, la menteuse, murmura Steph.

Veronica l'avait certainement entendue ; mais, chose étrange, elle ne daigna pas répondre. Les trois amies restèrent silencieuses quelques instants. Entre Veronica et elles, la situation s'envenimait. Max les avait convoquées toutes les quatre, en présence du père de Veronica, lundi soir, après l'école. Hélas, l'entretien avait tourné au vinaigre… Veronica avait encore accusé Steph et « ses deux complices » d'avoir saboté ses chances pendant le week-end hippique. Après quoi, elle était partie en claquant la porte. Les trois amies avaient vainement juré que jamais elles n'avaient voulu causer du tort à Veronica : pour la première fois, leur moniteur n'avait pas pu affirmer qu'il les croyait. Ça, c'était le plus grave. D'autant que, fidèles à la solidarité qui, en principe, existait entre cavaliers, ni Lisa, ni Carole, ni Steph n'avait parlé à Max de ce qui s'était produit avec Arizona. Par conséquent, il ignorait que Veronica avait volontairement souillé la jument de Steph.

– Je crains le pire, dit Lisa, la gorge nouée. Dès qu'on se retrouve avec Veronica, c'est la guerre.

– Elle raconte à tout le monde que, si elle a été disqualifiée dimanche dernier, c'est à cause de nous, soupira Carole. Elle prétend qu'on a fait tomber sa selle dans la boue exprès…

– Elle ment comme elle respire ! déclara Steph avec exaspération. Mais, en même temps, elle se trahit puisqu'elle imagine qu'on a pu agir comme elle : elle, elle a sali Arizona, donc, elle pense qu'on a pu salir Condor…

Lisa et Carole acquiescèrent en silence.

– Je crains le pire, répéta Lisa. Veronica nous déteste encore plus qu'avant !

– Et c'est réciproque, conclut Steph. Cette fille, je ne peux plus, mais alors plus du tout la supporter !

***

Pour cette reprise, Max proposa aux jeunes cavaliers d'emprunter un parcours spécial aménagé autour du Pin creux.

– J'ai fait installer quelques obstacles qui vous rappelleront ceux du cross, expliqua-t-il. J'aimerais qu'ensemble on travaille ce qui vous a posé problème pendant le week-end dernier.

Tout le monde approuva, et le groupe s'élança sur le circuit. Chaque obstacle à franchir fut longuement approché, apprivoisé par le cheval et par son cavalier… Un exercice passionnant ! Carole, Lisa et Steph adoraient ce genre de leçon : elles apprenaient toujours beaucoup en peu de temps.

L'ambiance était détendue, et Max souriait, heureux de voir ses élèves aussi motivés. Il complimentait l'un, félicitait l'autre... Seule, Veronica demeurait maussade. Max s'en aperçut et, de temps en temps, il lançait un coup d'œil mi-interrogateur mi-accusateur au Club du Grand Galop. Comme si les trois amies avaient pu changer quoi que ce soit à la mauvaise humeur de Veronica !

Bientôt, ils parvinrent devant un petit cours d'eau, au milieu duquel étaient empilés trois troncs d'arbres. C'est alors que l'incident se produisit. Veronica tira sur les rênes de Condor et s'arrêta net sur le rivage :

– Désolée, mais, moi, je n'irai pas plus loin.

– Pourquoi ? Quelque chose ne va pas ? s'étonna Max.

– Plusieurs choses ne vont pas, Max, répliqua Veronica d'un ton cinglant. D'abord, cette leçon me barbe ! Je m'ennuie à mourir ! Et mon Condor aussi. Alors, lui demander de sauter ce ridicule ruisseau...

– Pourtant, Condor et toi n'avez pas

obtenu un très bon score, le week-end dernier, objecta Max.

La réponse de Veronica fusa comme un boulet de canon :

– Condor et moi, on aurait pu faire gagner notre équipe ! Mais, à cause de ces tricheuses…

Elle s'interrompit, regardant fixement Carole, Lisa et Steph. Un silence glacial s'établit. Même Max paraissait stupéfait par la virulence des propos de la riche cavalière.

– Elle ment ! protesta Steph.

– On n'a pas triché ! affirma Lisa avec indignation.

– Taisez-vous ! lança Max. Vos histoires commencent à m'exaspérer… Bon, demi-tour ! Mettez-vous en file, et maintenez une distance suffisante entre le cheval devant vous, et celui qui est derrière vous. Veronica, reste en tête.

Steph, Lisa et Carole échangèrent un regard abasourdi. De mieux en mieux… Max venait d'accepter les plaintes de Veronica, puisqu'il interrompait le cours !

Pire encore, il n'avait pas bronché lorsque Veronica les avait accusées…

Pendant le retour, personne ne parla. Une tension presque palpable régnait entre le Club du Grand Galop et Veronica. Une fois au Pin creux, Max demanda à Steph, Lisa et Carole de le rejoindre dans son bureau dès qu'elles auraient fini de panser leurs chevaux. Les jeunes filles espérèrent qu'elles pourraient enfin s'expliquer… Mais, lorsqu'elles se retrouvèrent face à leur moniteur, elles comprirent que la partie n'était pas gagnée : jamais Max ne les avait contemplées aussi sévèrement. Après avoir fermé la porte, il les invita à s'asseoir, puis déclara :

– Ce qui se passe entre Veronica et vous me désole. Vous savez que je souhaite qu'il y ait un bon état d'esprit parmi mes cavaliers. Un esprit de camaraderie, amical, franc…

– Le problème, c'est que Veronica raconte n'importe quoi sur nous ! l'interrompit Steph.

– Elle nous accuse injustement, ajouta

Carole. On n'a jamais fait ce qu'elle dit ! C'est trop horrible ! Elle ment !

Max poussa un long soupir :

– Elle affirme la même chose à votre sujet. Alors, qui dit la vérité, hein ? Pour ma part, j'ai vu l'état de la selle de Condor dimanche… Votre équipe et celle de Veronica étaient voisines. L'une de vous pouvait parfaitement pénétrer en douce dans le box de Condor, et…

– Non ! s'écria Steph. Non, et non !

Les trois amies se regardèrent, désespérées. D'un accord tacite, elles décidèrent alors de raconter ce qui s'était passé avec Arizona. Max écoutait en hochant la tête, une expression très contrariée sur le visage :

– Je n'étais pas au courant de cet incident-là. Décidément, c'est encore plus sérieux que je ne le pensais.

– On sait que c'est Veronica qui a fait ça, parce qu'elle s'est trahie, précisa Steph. Et elle se permet de raconter que, nous, on a mis de la boue sur sa selle !

– La vérité, c'est qu'elle n'avait pas nettoyé son box et que sa selle a dû tomber dans la boue, ajouta Lisa.

Max réfléchit, visiblement ennuyé par la tournure que prenait la situation. Puis, au grand soulagement des jeunes filles, il sourit avec indulgence.

– Écoutez, débrouillez-vous pour régler vos histoires en dehors du Pin creux. Veronica n'a pas bonne réputation, je le sais très bien… Je suis aussi tout à fait conscient de la tyrannie qu'elle exerce ici. Mais, dorénavant, évitez de vous chamailler avec elle en public. C'est tout ce que je vous demande.

Soulagées, Carole, Lisa et Steph promirent.

– À condition que cette peste nous laisse tranquilles ! marmonna Steph quelques instants plus tard, tandis qu'elles se dirigeaient vers les vestiaires.

– Si on la laisse tranquille, elle ne nous embêtera plus, non ? répliqua Lisa.

– Ce n'est pas sûr, murmura Carole. Avec une fille comme elle, il faut s'attendre à tout…

5

Les jours suivants, Lisa, Carole et Steph s'efforcèrent d'oublier Veronica. Elles évitèrent soigneusement de parler d'elle… même lorsqu'elles évoquaient le bal de samedi. Elles savaient que Veronica s'y trouverait sans doute, même si elle ne fréquentait pas le collège de Willow Creek. Quelqu'un l'inviterait forcément… hélas !

Samedi matin, comme d'habitude, les trois amies se rendirent au Pin creux. La leçon d'équitation se déroula à merveille… d'autant que, ô agréable surprise, Veronica était absente.

– Ça nous fait des vacances ! dit Steph.

Max avait entendu sa remarque. Il lui fit de gros yeux, et Steph se tut aussitôt avec une grimace comique. Lisa et Carole réprimèrent un fou rire…

En fin d'après-midi, les trois amies se donnèrent rendez-vous chez Steph, dont les parents avaient accepté de les emmener au bal, et de les ramener ensuite. Entre-temps, ils iraient au restaurant, puis au cinéma. Carole, Lisa et Steph se préparèrent gaiement. Ce soir, c'était la fête ! Lisa était sûre que Mark ne viendrait pas, mais elle avait décidé de ne plus y penser…

– Alors, suis-je la plus belle ? demanda-t-elle en se dressant sur la pointe des pieds et en pivotant sur elle-même.

Elle portait un pantalon noir, la tunique rose que lui avaient offerte Carole et Steph, et des sandales noires à petits talons.

– Tu es é-blou-issante ! plaisanta Steph.

– Arrête ! Dis-moi la vérité, insista Lisa en riant.

– Tu es super. C'est la vérité ! affirma Carole. Et moi ? Comment suis-je ?

– J'adore ton haut, déclara Lisa, sincère.

Fidèle à ses goûts sportifs, Carole était en jean et T-shirt ; mais elle avait choisi un T-shirt différent, original, de couleur crème, avec de jolis motifs d'inspiration africaine.

– Et moi ? fit Steph en virevoltant. Suis-je belle, très belle, merveilleusement, archi-merveilleusement belle ?

Fait exceptionnel, elle était vêtue d'une jupe et d'un chemisier très féminin. Évidemment, il s'agissait d'une jupe quelque peu excentrique : courte, d'un bleu électrique dans un tissu qui ressemblait à du plastique brillant. Avec son tempérament, Steph n'aurait pas pu être habillée autrement !

Carole éclata de rire :

– Entre vous deux, je suis éclipsée ! Je resterai dans l'ombre de vos ombres !

– Et si tu te teignais les cheveux en..., commença Steph.

Elle fut interrompue par la sonnerie du téléphone. Elle courut répondre :

– Allô ? Oui, coucou, Phil… C'est vrai ? Génial !

Elle leva le pouce en signe de victoire à l'attention de Lisa, échangea encore quelques mots avec son copain, et raccrocha :

– Il vient !

Lisa rougit légèrement.

– Qui ça ?

– Comme si tu ne le savais pas ! pouffa Steph. Il sera avec Phil et Tony. Maintenant, je peux te dire la vérité : j'ai demandé à Phil de tout faire pour que Mark soit là ce soir…

– Mission accomplie pour le Club du Grand Galop ! conclut Carole, aussi joyeuse que Steph.

Lisa sentit son cœur battre plus vite. À l'idée de revoir Mark, une appréhension subite l'envahissait. « C'est nul ! Je ne le connais même pas ! » songea-t-elle. Mais autant s'avouer la vérité : Mark lui plaisait – un peu, beaucoup ? –, et elle était très, très contente de savoir qu'elle le retrouverait au bal.

– Merci… Mais il n'aura peut-être pas envie de danser avec moi, poursuivit-elle.

– Ce sera peut-être le contraire ! rétorqua Steph, malicieuse. Peut-être qu'il rêve de danser avec toi… Il est timide, tu sais.

– Le problème, c'est que je le suis aussi, soupira Lisa. Dites, il me va vraiment bien, ce pantalon ?

– Impeccable, affirma Steph. Pas vrai, Carole ?

Carole s'apprêtait à répondre quand le téléphone sonna de nouveau.

– C'est sûrement Phil, plaisanta Lisa. Il rappelle pour dire que, finalement, Mark s'est décommandé !

En haussant les épaules, Steph se hâta de décrocher :

– Allô ?

Ses deux amies la virent pâlir.

– Bien sûr, murmura-t-elle. Mais… oui, d'accord.

Elle coupa la communication, et garda le

silence quelques instants avant de déclarer d'une drôle de voix :

– C'était Max. Il y a un problème au Pin creux... Pas avec nos chevaux, paraît-il, mais il veut qu'on le rejoigne tout de suite.

– Tout de suite ? répétèrent Lisa et Carole en même temps.

Steph acquiesça, le visage sombre.

– Mais... et le bal ? souffla Lisa.

– On ira après, répondit Carole. On n'a pas le choix.

« C'est sûrement grave », pensa Lisa, la gorge nouée, en suivant Carole et Steph dans le salon. Sans fournir de détails, Steph expliqua à ses parents qu'elles devaient se rendre immédiatement au centre équestre.

– Je veux bien vous accompagner... Mais ton père et moi, on ne pourra pas vous attendre pour vous emmener ensuite au bal : on a réservé une table au restaurant, la prévint Mme Lake.

– Ce n'est pas grave, maman. Il faut qu'on aille au Pin creux. Vite !

– Et tant pis pour le bal, ajouta Lisa,

résumant ce que pensaient ses amies.

Mais, en prononçant ces mots, elle sentit son cœur se serrer. Ce bal, elle avait tellement envie d'y aller... Encore plus depuis qu'elle savait que Mark y serait !

– Pourvu qu'il ne soit rien arrivé à Diablo, dit sourdement Carole.

– Ne t'inquiète pas ! Max m'a assurée que ça n'avait rien à voir avec nos chevaux, dit Steph. Il n'aurait pas menti, quand même !

– Qu'est-ce qu'il a dit, exactement ? demanda Lisa.

Steph esquissa une moue où affleurait une légère inquiétude.

– Pas grand-chose. Il y a un problème au Pin creux, c'est tout.

***

Lorsque les parents de Steph déposèrent les trois amies au Pin creux, tous les bâtiments étaient plongés dans l'obscurité. Seuls étaient éclairés une rangée de boxes dans les écuries, et l'accueil du centre. Dans la cour, une voiture était garée, le moteur en marche. À l'intérieur se trouvaient Deborah, la femme de Max, et Maxi, leur bébé. Lisa, Carole et Steph leur adressèrent un signe amical, puis dirent au revoir à M. et Mme Lake.

– Tenez-nous au courant, recommanda Mme Lake. Si vous avez des soucis, appelez-nous. On gardera notre portable allumé.

Les jeunes filles remercièrent M. et Mme Lake. Ensuite, elles se précipitèrent dans le bureau de leur moniteur. Ce dernier, bras croisés, arpentait nerveusement la pièce. Il portait un élégant costume, preuve qu'il avait prévu autre chose que d'attendre ainsi les jeunes cavalières.

– Ah, vous voilà. Suivez-moi, ordonna-t-il.

Une profonde colère se lisait sur son visage. Que s'était-il donc passé ? Anxieuses, Lisa, Carole et Steph lui emboîtèrent le pas. Max les précéda jusqu'à la partie éclairée des écuries, et s'arrêta devant le box de Condor, le pur-sang de Veronica :

– Beau travail, n'est-ce pas ?

La même exclamation de stupeur horrifiée échappa aux trois amies : les murs étaient maculés de boue, la litière mouillée, comme s'il avait plu à l'intérieur... Et Condor ! Sa magnifique robe grise, striée de plaques de boue, était devenue marron ! À croire qu'un ouragan s'était engouffré dans la stalle...

– C'est fou ! balbutia Carole. Comment est-ce arrivé ?

Max enveloppa les jeunes filles d'un regard glacial :

– Vous l'ignorez, peut-être ?

Comme les jeunes filles le dévisageaient, interdites, il désigna d'une main le pur-sang et les murs du box :

– Toute cette boue est encore humide. J'en déduis que le méfait est tout frais...

– Mais qui a fait ça ? s'écria Steph.

Max arqua un sourcil :

– Tu me déçois, Stéphanie Lake. En tout cas, je compte sur vous trois pour nettoyer ce gâchis avant demain matin.

Examinant leurs tenues chic, il ajouta avec un soupçon de moquerie dans la voix :

– Je constate que vous n'aviez pas prévu de jouer au palefrenier ce soir...

Lisa, Carole et Steph se regardèrent, abasourdies. Elles ne comprenaient rien du tout. Ou plutôt, si : elles comprenaient que Max les accusait d'avoir souillé Condor et la stalle ! Après une courte hésitation, Lisa déclara :

– Max, tu te trompes... Ce n'est pas nous qui...

– On réglera cette histoire une autre fois, l'interrompit sèchement Max. Je suis pressé. Deborah et Maxi m'attendent. Au fait, je vous signale que, dans la sellerie, l'équipement de Condor est aussi dans un sale état... Merci de réparer les dégâts que vous avez commis.

– Mais on n'a rien fait ! protesta vigoureusement Steph.

– Ce n'est pas juste ! lança Carole sur le même ton.

– Nous, on est venues ici ce matin, et on

n'est pas revenues depuis ! ajouta Lisa.

Max les dévisagea, l'air perplexe tout à coup. Puis il secoua la tête.

– Écoutez, Veronica m'a téléphoné il y a un quart d'heure pour me prévenir qu'elle avait reçu des menaces : on allait s'en prendre à son cheval, aujourd'hui, pour l'empêcher de se rendre à une soirée.

– Une soirée ? Sûrement celle où on va aussi, marmonna Steph. Le bal du collège…

– Peu importe, la coupa Max. Toujours est-il que Veronica avait raison, n'est-ce pas ? Quand j'ai découvert l'état de Condor, je n'en ai pas cru mes yeux.

– Et tu penses vraiment que c'est nous ? dit Carole d'une voix tremblant d'indignation.

– Veronica le pense, répliqua Max. Elle sait que vous la détestez. Elle m'a dit que Steph, surtout Steph, était prête à tout pour lui causer du tort.

– Et… et tu la crois ? balbutia Steph, très pâle.

– Je ne crois que ce que je vois, assena

Max. Bon courage…

Sur ces mots, il pivota sur ses talons et s'éloigna lentement. Les trois amies restèrent silencieuses, pétrifiées. Quelques secondes plus tard, elles entendirent la voiture de Max démarrer.

– Pour Max, on est coupables, c'est clair murmura Carole, rompant le silence.

– Il n'a même pas voulu nous écouter, ajouta tristement Steph.

Lisa, elle, se garda de tout commentaire. Elle en aurait pleuré… Tout cela lui paraissait si injuste ! Si cruel !

– Pauvre Condor, reprit Carole. Il est si crasseux ! On dirait qu'il a été aspergé d'eau boueuse…

Les jeunes filles regardèrent le pur-sang. Sa crinière, son chanfrein, ses flancs, son encolure, sa queue et ses cuisses étaient souillés. En essayant de se nettoyer, il s'était roulé dans la paille, frotté contre les murs et, du coup, il avait sali la stalle encore plus.

– Je parie que c'est elle, marmonna Steph.

Carole lui jeta un coup d'œil :

– Veronica ?

– Qui d'autre ? dit Lisa, amère. Elle savait très bien qu'on voulait aller au bal. Et comme elle n'a pas accepté sa défaite de la semaine dernière, elle se venge. Mais, à mon avis, elle a payé un complice…

– C'est sûr ! Vous imaginez Miss Chichis en train de se salir ses jolis ongles vernis ? ironisa Steph. Tu as raison, Lisa, elle a dû donner de l'argent à quelqu'un.

– Le pire, c'est qu'elle fait du mal à Condor, reprit Carole. Il pourrait attraper une infection à cause de toute cette boue !

Lisa et Steph approuvèrent, le visage grave. Il ne leur restait plus qu'à se mettre au travail, et vite.

6

Condor regardait les jeunes filles d'un air paisible. Machinalement, Lisa alla chercher des carottes et lui en tendit quelques-unes, qu'il croqua avec gourmandise. Puis elle s'assit sur une botte de foin, et contempla le pur-sang avec désarroi. Il était si sale... Quel cauchemar !

– En tout cas, il n'a pas l'air perturbé, observa Carole. C'est déjà ça ! Il aurait pu être de mauvaise humeur.

Steph poussa un soupir exaspéré :

– Moi, je suis de mauvaise humeur… De très mauvaise humeur, même. Je n'ai aucune envie de consacrer ma soirée au décrassage de ce cheval !

– Moi non plus, dit Lisa. Mais tu crois qu'on a le choix ?

Steph soupira de nouveau :

– On peut dire que Veronica nous a bien piégées !

– Complètement, reconnut Carole. On peut oublier le bal !

Elles demeurèrent silencieuses quelques instants, démoralisées.

– Non. On ira, déclara alors Steph. J'ignore comment, mais on ira ! À pied, à cheval…

– Je te signale qu'il faut traverser une autoroute avant d'arriver au collège, lui rappela Lisa. Alors, à cheval ? Laisse tomber !

– Et il y a au moins huit kilomètres jusqu'au collège. C'est long, à pied, marmonna Carole. Très long… Surtout avec mes sandales neuves ! J'ai déjà des ampoules…

– On est dans le pétrin, murmura Steph. Mais je n'oserai jamais téléphoner à mes parents. S'ils nous posent des questions, on ne pourra pas vraiment leur expliquer…

– Ce serait pareil avec les miens, dit Lisa.

– Mon père serait venu mais, manque de chance, il n'est pas là ce soir, ajouta Carole. C'est pour ça que je dors chez toi, Steph.

– Je sais, je sais, répéta cette dernière. Oh, j'en ai marre !

À son tour, elle s'affala sur une botte de paille. Les trois amies se turent un long moment. Dans le silence, elles entendaient les légers bruits des chevaux. Puis, brusquement, Condor souffla par ses naseaux, très fort, comme pour les rappeler à l'ordre.

– Il doit commencer à se sentir mal à l'aise, dit Lisa en se levant d'un bond. Il faut agir !

Elle ouvrit la porte de la stalle, enfila rapidement un licol à Condor, et le fit sortir. Tout content qu'on s'occupe enfin de lui, Condor se frotta la tête sur l'épaule de Lisa… et il laissa une grande trace boueuse sur la tunique rose de la jeune fille.

– Oh, non ! gémit Lisa.

– Hé, Condor t'aime, plaisanta Steph. Ou alors la boue le gratte tellement qu'il t'a prise pour un arbre !

– Ce n'est pas drôle, répliqua Lisa, un peu sèchement.

Elle s'était habillée avec tant de soin… pour rien ! À présent, de quoi avait-elle l'air ? Refoulant tant bien que mal sa colère et sa déception, elle mena Condor dans la pièce où on nettoyait les chevaux, et l'attacha en lui promettant qu'elles s'occuperaient de lui bientôt. Puis elle rejoignit Carole et Steph. L'une avait pris une brouette, l'autre une fourche, afin de changer la litière de Condor. Constatant que la jupe bleue de Steph était déjà tachée, Lisa ne put retenir un sourire :

– Dans cinq minutes, toutes les trois, on ressemblera à de vraies souillons…

– Parle pour toi ! protesta Carole en balançant un tas de paille sale dans la brouette.

Au même moment, le manche de la fourche lui échappa. Elle se baissa pour ramasser l'outil et, en se relevant, effleura par mégarde le mur sale du box. Du coup, le dos de son T-shirt crème arborait une grande tache marron.

– Super ! s'exclama-t-elle en esquissant une grimace. Le « style palefrenier », vous connaissez ? ajouta-t-elle en se dandinant comme si elle dansait le rock.

Puis, ensemble, elles continuèrent à nettoyer la stalle de Condor.

– Ce qui m'ennuie, c'est que je ne peux pas prévenir Phil, dit Steph tout à coup. Il va nous attendre. Et Mark aussi... C'est trop bête.

– Trop bête, trop injuste, trop... Oh, la soirée est totalement gâchée ! lança Lisa avec dépit. On ne pourra jamais aller au bal. Il faudrait un miracle...

– Ou une fée, ajouta Steph.

– Une fée ? Ça, c'est une idée géniale ! s'esclaffa Carole.

Elle tapa dans ses mains :

– Abracadabra ! Dieux des chevaux et des cavaliers, si vous existez et si vous nous entendez, faites qu'une fée débarque au Pin creux pour nous aider !

Les trois amies se regardèrent, puis éclatèrent de rire. Au moins, elles avaient retrouvé leur bonne humeur…

***

Une demi-heure plus tard, le box de Condor était propre : munies de seaux d'eau, de balais et de brosses, les jeunes filles avaient lessivé les murs, et changé la litière. Elles étaient couvertes de saleté, décoiffées, en nage, mais contentes. Dans le feu de l'action, elles avaient oublié leur rancune envers Veronica ! Maintenant, il leur restait à accomplir le plus difficile : laver et panser Condor. Le pur-sang les accueillit en s'ébrouant doucement. Carole s'approcha de lui et lui effleura la crinière :

– La boue est encore humide. Ça, c'est un problème…

– En le brossant, on ne fera qu'étaler la boue, soupira Lisa.

– Idéalement, on devrait attendre que ça sèche, dit Steph. Mais de toute façon, ensuite, il nous faudra des heures et des heures pour l'étriller…

Un silence désemparé s'installa entre elles quelques instants.

– Si on s'occupait d'abord du harnachement de Condor ? suggéra Carole. Pendant qu'on le nettoiera, la boue sèchera un peu…

Toutes les trois gagnèrent la sellerie. L'équipement du cheval se révéla moins souillé qu'elles ne l'avaient craint. Tant mieux ! À l'aide d'eau chaude et de savon spécial, elles brossèrent et lavèrent selle, lanières et sangle jusqu'à ce que tout soit impeccable.

– On peut au moins garder espoir, reprit Steph, comme elle suspendait la selle de Condor à sa place. Qui sait, on ira peut-être quand même danser…

Lisa crut avoir mal entendu. Elle lança un regard irrité à son amie.

– Tu te moques de nous, ou quoi ? On est dans une situation catastrophique !

– Tu es trop pessimiste !

– Et toi, trop optimiste ! rétorqua Lisa. Au fait, c'est un peu ta faute, tout ça ! enchaîna-t-elle sans réfléchir. Si tu ne t'étais pas autant disputée avec Veronica, on n'en serait peut-être pas là !

Steph la dévisagea avec stupeur.

– Parfaitement ! insista Lisa, au bord des larmes. C'est surtout toi qui as eu des histoires avec Veronica cette semaine. C'est à cause de toi qu'elle nous en veut autant, et qu'elle se venge… Elle nous roule dans la boue… pour de bon !

Comme Carole et Steph l'observaient, aussi surprises l'une que l'autre, Lisa détourna le regard. En une fraction de seconde, elle comprit à quel point elle s'était montrée injuste. Mais elle avait tellement eu envie de se rendre au bal… d'y retrouver Mark…

– Excuse-moi, Steph, murmura-t-elle. Je dis n'importe quoi. Tout ça, c'est à cause de

Veronica…

Steph ébaucha un petit sourire :

– Je te pardonne. Mais c'est bien parce que c'est toi…

Ce qui venait de se passer était très rare, car les trois amies ne se disputaient jamais. Carole s'approcha, prit la main de Steph, puis celle de Lisa :

– Attention, la vengeance de Veronica est terrible… Elle est en train de réussir à semer la zizanie entre nous !

Steph secoua la tête, les yeux brillant de larmes contenues :

– Non. Non, et non ! Et puis, moi, je ne sais pas pourquoi, mais j'ai l'intuition qu'on ira quand même au bal… Et on sera les plus belles, vous verrez !

7

Lisa, Carole et Steph étrillaient méticuleusement Condor lorsqu'elles entendirent le ronronnement d'un moteur. Quelqu'un venait…

– C'est peut-être notre fée ! dit Steph.

– Ou peut-être une sorcière ! ajouta Lisa.

– Ou Max qui revient plus tôt, supposa Carole.

Allant voir, elles découvrirent qu'un van se garait dans la cour, près de l'entrée des écuries. Carole alluma les lumières extérieures, et poussa un cri de joie :

– C'est Julie !

Julie Barker était la vétérinaire du Pin creux. Les trois amies, qui l'adoraient, se précipitèrent pour l'accueillir.

– Quelle surprise ! s'exclama Julie en descendant du véhicule. J'avais prévenu Max que je ramènerais Trophy, le cheval de Mme Repass, qui a été hospitalisé... Mais il ne m'a pas dit que je vous trouverais ici !

Sourcils froncés, elle examina les trois amies.

– Et encore moins en tenue chic ! Qu'est-ce que vous fabriquez ?

– On a été transformées en cendrillons, s'efforça de plaisanter Steph.

– On nous a lancé un mauvais sort, soupira Lisa.

– Et à Condor aussi, compléta Carole.

Julie ne put cacher son étonnement.

– Condor ? Le cheval de Veronica ?

Les jeunes filles acquiescèrent en silence.

– Mais expliquez-vous ! insista Julie, de

plus en plus perplexe. Il est malade ? C'est grave ?

– Non, non, Condor n'a rien de grave, la rassura Carole. Il est juste complètement couvert de boue…

– Et on tâche de lui ôter ses taches, poursuivit Steph. Dure tâche !

Son jeu de mots ne fit même pas sourire Julie. Elle secoua la tête.

– Condor, couvert de boue ? Je ne comprends pas. Bon, je ramène Trophy dans son box, reprit-elle après une brève pause. Pendant ce temps, racontez-moi tout.

Lisa, Carole et Steph acceptèrent avec soulagement. Sans omettre le moindre détail, elles décrivirent ce qui s'était produit entre Veronica et elles lors du concours équestre du week-end précédent, pendant la semaine, le jour même…

– C'est si injuste ! conclut Lisa, tandis que Julie finissait d'installer Trophy. Du coup, on ne peut pas aller au bal.

– Je vois. Un sacré manque de chance, dites-moi… Le comble, c'est que Max vous a accusées, résuma Julie, pensive. Franchement, il exagère. Mais peut-être que le père de Veronica a exercé une pression sur lui ? Je lui parlerai, promis. En attendant…

S'éloignant du box de Trophy, la jeune femme ébaucha un sourire malicieux.

– Mes petites cendrillons vont se rendre au bal !

– Ce n'est pas gentil de te moquer de nous, grommela Carole. On ne peut pas…

– Bien sûr que si ! l'interrompit Julie en riant. Vous pariez ?

– Elle blague, dit Lisa, en regardant Carole et Steph. Condor est toujours aussi sale qu'un cochon… Et même s'il était propre, qui nous emmènerait ?

– Et même si quelqu'un pouvait nous emmener, il y a un autre problème, renchérit Steph, en montrant sa jupe maculée. On ressemble à des souillons !

Julie les contempla avec indulgence.

– J'avoue que, ça, c'est un peu vrai. Mais comptez sur moi, ce soir, vous irez danser… Parce que je vais vous accompagner ! Et je reviendrai vous chercher. Ça tombe bien, je suis libre : mon mari est absent, et j'avais l'intention de passer la soirée au téléphone…

– Mais enfin, Julie, on ne peut y aller comme ça ! balbutia Lisa en désignant ses vêtements sales et froissés, ainsi que ceux de ses amies.

Julie sourit de nouveau.

– Bien sûr que non. Mais figure-toi que, tout à l'heure, je suis passée au pressing récupérer ce que j'ai fait nettoyer cette semaine. Or, chez moi, le nettoyage à sec, c'est une fois par an ! Je donne les habits que je mets rarement, c'est-à-dire surtout pour sortir… Je crois bien qu'il n'y a que des tenues de soirée ! Et comme nous avons à peu près la même taille…, conclut-elle avec une moue complice.

C'était exact : Julie était petite et menue. Médusées, Lisa, Carole et Steph la suivirent jusqu'au van. La jeune femme ouvrit la portière côté passager et, après avoir fouillé dans un tas d'affaires, exhiba un vêtement protégé d'une housse en plastique transparent.

– Voilà une robe rouge, plutôt courte... Je pense qu'elle irait à Steph. Tu veux essayer ?

– Euh... oui, bredouilla Steph. Merci...

Julie se pencha de nouveau à l'intérieur du véhicule, se redressa en brandissant quatre autres housses plastifiées.

– Là, j'ai un pantalon noir, et un joli T-shirt vert... À mon avis, ce sera parfait pour Carole ! Et ce chemisier en soie blanche, avec ce jean bleu ? Pour Lisa, peut-être ? À moins que vous ne préfériez échanger ! À vous de voir, de choisir...

– Merci, Julie ! s'exclamèrent les trois amies.

Elles n'en revenaient pas de ce revirement de situation. Dans un même élan spontané, elles embrassèrent la jeune femme.

– On fera attention de ne pas salir tes habits, promit Lisa.

– Ne t'inquiète pas, ce qui est sale se nettoie toujours, répondit Julie. Comme notre

Condor ! Maintenant, si nous jetions un coup d'œil sur le boueux seigneur de ces lieux ?

Contenant difficilement leur impatience, Lisa, Carole et Steph coururent aux écuries avec Julie. Condor les attendait, toujours aussi calme, mais toujours aussi sale. À présent, la boue séchée redressait ses crins, lui donnant l'allure d'un punk… Mais le pur-sang ne bronchait pas, stoïque : il savait que seule la main humaine pourrait l'aider à retrouver sa beauté.

– Oh, là, là ! murmura Julie. C'est d'un véritable décrassage qu'il a besoin !

– On a commencé à l'étriller, mais il faudra des heures et des heures de pansage, commenta Lisa.

Julie sembla réfléchir, puis elle se tourna vers les trois amies, les yeux pétillants :

– Pas forcément. Oubliez Condor, et courez vite vous changer. Steph, tu as de la boue dans le cou… Et toi aussi, Lisa.

Les jeunes filles restèrent interdites.

– Mais… et Condor ? protesta Carole.

Julie agita les bras, faisant mine de les chasser.

– Ouste ! Filez ! Je m'occupe de Condor. Surtout, lavez-vous bien les mains avant de vous habiller !

Hilares et incrédules, les trois amies se précipitèrent vers les vestiaires.

– Alors, je n'avais pas raison? s'écria Steph en allumant la lumière. Une fée est là, tralala ! Et on sera les plus belles, tralalalère !

– Vous le saviez, vous, que Julie était une fée ? pouffa Lisa.

– En tout cas, j'ai hâte de voir comment elle va se débrouiller avec Condor, dit Carole.

Elles s'aspergèrent le visage à grande eau et se brossèrent les ongles avec soin. Ensuite, elles troquèrent leurs habits sales contre les jolies tenues prêtées par Julie.

– Super ! Elle est pile à ma taille ! s'exclama Steph après avoir enfilé la robe rouge.

– Phil va craquer ! plaisanta Lisa.

– Mark aussi ! lança Steph tandis que

Lisa boutonnait le chemisier de soie blanche. Tu es hyperclasse !

– Et moi, j'en connais une qui sera verte de rage ! ajouta Carole d'un ton triomphant. De la même couleur que mon T-shirt, vous imaginez le tableau ?

– Tu m'étonnes ! Elle comprendra aussi que, nous trois, on est invincibles ! clama gaiement Steph. Dépêchons-nous : je sens que dans quelques minutes la citrouille de Julie se transformera en carrosse !

– Notre carrosse, qui nous attend... Youpi ! s'écria Lisa, soudain pleine d'une énergie extraordinaire.

Elles rejoignirent Julie aux écuries. Là, elles découvrirent une scène si étonnante qu'elles en demeurèrent bouche bée : dans un bruit d'aspirateur, la jeune vétérinaire passait énergiquement un tuyau sur le corps de Condor. Comme par miracle, les particules de boue et de poussière s'envolaient, laissant la robe du cheval toute nette et brillante.

– Pratique, n'est-ce pas ? lança Julie.

Une vraie baguette magique ! Enfin, c'est la magie de la technique moderne, précisa-t-elle, désignant l'appareil posé à terre et branché à une prise électrique.

Elle posa l'embout du tuyau sur une partie encore sale du flanc de Condor : en quelques secondes, le poil redevint lisse, d'un beau gris clair.

– Fabuleux, hein ! J'ai toujours rêvé de posséder cet engin, reprit la jeune femme. C'est un aspirateur spécial qui coûte très cher. Quel hasard que je l'aie acheté juste aujourd'hui ! Comme ça, je peux le tester, et je constate qu'il marche très bien... Vraiment très bien ! Bien sûr, ça ne remplacera jamais le pansage manuel, mais ça aide...

Tout en parlant, elle continuait à aspirer les saletés répandues sur Condor. En un temps record, le pur-sang retrouva une robe magnifique, d'une propreté parfaite.

– C'est dingue ! s'exclama Steph. Je ne savais même pas qu'une chose pareille existait !

– Moi non plus. C'est le pansage… électrique, renchérit Lisa, éberluée.

– Je me demande ce que ressent Condor, fit Carole, l'air sceptique. Là, il est un peu traité comme… un vulgaire tapis !

– Mais non ! s'esclaffa Julie. Tu n'ignores pas que la boue irrite la peau des chevaux ? Alors, plus vite on l'enlève, mieux c'est !

Quelques instants plus tard, elle coupa le moteur de l'appareil, et examina Condor :

– Voilà, tu es de nouveau présentable !

Carole, Lisa et Steph se regardèrent, médusées et admiratives.

– Présentable, impeccable… Nickel ! approuva Steph. Sauf la tête… Difficile de se servir d'un aspirateur pour le contour des yeux !

– Je vais le faire, proposa aussitôt Carole.

– Non, je m'en occupe, répondit Julie.

Elle alla chercher une brosse douce et une éponge.

– Finissez plutôt de vous préparer.

– Mais on est prêtes ! affirma Steph avec enthousiasme.

– Dans ce cas, rapportez l'aspirateur dans mon van. Profitez-en pour prendre mon sac : vous y trouverez une brosse à cheveux, du rouge à lèvres ; du gloss, je crois… Faites-vous encore plus belles ! insista Julie en plissant amicalement les yeux. Pendant ce temps, je me charge de donner la petite touche finale à Condor. Vous verrez, il sera bientôt aussi beau qu'un prince !

– Le prince Condor, dit Lisa, rêveuse tout à coup.

Grâce à Julie, leur mésaventure se terminait merveilleusement bien… Elles iraient danser ! Alors, tandis qu'elle contemplait Condor, une idée saugrenue se forma peu à peu dans son esprit. Une idée… folle, mais irrésistible !

– Et si on allait au bal avec Condor ? proposa-t-elle.

8

– Avec Condor ?

L'exclamation fut unanime. Même Condor tourna la tête vers la jeune fille, une drôle d'expression au fond de ses grands yeux bruns. À croire qu'il avait compris !

– Euh… Lisa, ça va ? lâcha Steph.

– À mon avis, elle délire, marmonna Carole.

– Pourquoi ? s'esclaffa Lisa. Après ce qui vient de lui arriver, Condor a le droit de s'amuser un peu, non ?

Julie, Steph et Carole restèrent silencieuses : la même stupéfaction amusée se lisait sur leur visage. Mais Lisa était farouchement déterminée :

– Le bal est ouvert à tous, à condition qu'on soit invité. Moi, j'invite Condor, voilà.

– Le bal est ouvert à tous, mais pas aux chevaux, objecta Steph, qui réprimait un fou rire.

Carole poussa un grand soupir :

– Au secours ! Lisa débloque ! En général, c'est Steph qui propose des trucs aussi fous, ajouta-t-elle à l'attention de Julie.

– Eh bien, pour une fois, c'est moi, dit posément Lisa. Je suis sûre que Condor adorerait…

– La foule et le bruit ? compléta Julie d'un ton désapprobateur. Voyons, Lisa, tu imagines ce qu'il ressentirait ?

Lisa haussa les épaules.

– Je crois que Condor ne serait pas plus

perturbé que lors d'une compétition. Je l'ai encore remarqué pendant le week-end dernier : il aime être admiré. Même au milieu d'une foule, il reste tranquille. Et le bal se tient sous un chapiteau, ça lui rappellera le concours de l'autre jour…

Une étincelle pétilla au fond des yeux de Steph. À l'évidence, l'idée cheminait dans son esprit… et commençait à l'enthousiasmer.

– Très juste ! En plus, avant d'être le cheval de Veronica, Condor participait souvent à des concours. Il est à l'aise quand il y a du monde autour de lui !

– Tout à fait à l'aise, insista Lisa.

Julie regarda le pur-sang et lui caressa l'encolure, songeuse :

– En effet, toi, tu n'es pas sauvage…

– Oh, non ! affirma Carole. Au contraire ! Condor fait confiance à l'homme… Trop, même. Ce qui explique que le complice de Miss Chichis ait pu l'arroser de boue : Condor s'est laissé faire.

– Le complice de Miss Chichis ? répéta

Julie, interloquée. Quel complice ? Et qui est Miss Chichis ?

– Miss Chichis, alias Veronica Angelo. C'est comme ça qu'on l'appelle, lui apprit Steph.

– On pense qu'elle a demandé à quelqu'un de mettre toute cette crasse sur Condor et dans son box ce soir, poursuivit Lisa. Pour se venger de nous…

–… sans se salir les mains ! enchaîna Carole. Comme elle a de l'argent, elle a pu se payer les services d'un serviteur.

Julie resta silencieuse, perplexe et un peu ennuyée.

– Il faudra impérativement mener une enquête ! Si Veronica a été capable de se comporter de manière aussi néfaste avec son propre cheval, c'est grave. Mais oublions cette triste histoire pour l'instant…

Elle contempla le pur-sang, le sourire aux lèvres.

– Alors, Condor, tu as envie d'aller danser avec Lisa ?

En guise de réponse, le cheval s'ébroua

plusieurs fois. Puis il se mit à piaffer, comme pour signaler son impatience.

– Je crois que la réponse est oui ! conclut Julie en riant.

***

Un grand chapiteau avait été dressé sur le terrain de sport du collège. Des rayons de lumière s'en échappaient, en rythme avec la musique qui résonnait dans le silence des alentours. La fête battait son plein.

– Je sens qu'on va bien s'amuser ! s'exclama Steph tandis que Julie garait le van non loin de l'entrée.

– Moi, je sens qu'on va mettre de l'ambiance ! ajouta Carole.

– *Condor* va mettre de l'ambiance, rectifia Lisa.

À l'arrière du véhicule, le pur-sang, déjà harnaché, avait l'air tout à fait paisible. Il avait même paru très content de quitter le Pin creux !

– Promettez-moi d'être vigilantes, insista

Julie. Condor est sociable, d'accord, mais…

– Ne t'inquiète pas, on veillera sur lui, la rassura Lisa. On t'appelle dès qu'il montrera des signes de fatigue.

– J'y compte bien, répondit Julie. Je garderai mon portable allumé en permanence. Condor sera certainement fatigué avant vous, alors surveillez-le.

Elle sortit du van et abaissa la rampe arrière. Après quoi, avec précaution, elle fit descendre Condor et tendit la longe à Lisa :

– Puisque c'est toi qui l'invites, à toi l'honneur…

Après avoir chaleureusement remercié la jeune femme, le Club du Grand Galop se dirigea vers le chapiteau. Le cœur battant, Lisa menait Condor, en restant très près de lui pour le rassurer, au cas où… Mais alors qu'ils s'approchaient du lieu où régnait l'agitation trépidante du bal, le cheval se contentait de dresser l'oreille de temps en temps, l'air tranquille.

– Il n'a pas peur, remarqua Carole.

– J'ai même l'impression qu'il est intéressé par ce qui se passe ! dit Steph. Lisa, tu as eu une idée de génie…

– Normal, je suis un génie, répondit Lisa.

En riant, toutes les trois gagnèrent l'entrée du chapiteau. La main un peu crispée sur le licol de Condor, Lisa pénétra la première dans l'enceinte. La musique était très forte, et le cheval marqua un temps d'arrêt face à la foule.

– Vas-y, l'encouragea Lisa en lui caressant le flanc avec douceur. Ne crains rien, on est avec toi… Et on va tous les éblouir !

Comme s'il avait compris, Condor s'ébroua, leva fièrement la tête et repartit d'un pas régulier. Carole et Steph suivaient, côte à côte, comme en escorte solennelle et protectrice. Tout d'abord, personne ne s'aperçut de leur présence. Puis, peu à peu, on se figea autour d'eux ; des regards médusés se braquèrent sur le petit groupe, des exclamations de stupeur fusèrent…

– Je rêve ou c'est un cheval ? lança quelqu'un.

Brusquement, tout le monde s'arrêta de

danser. Lisa repéra Veronica un peu plus loin, vêtue d'une élégante robe vert pâle, en train de parler à un séduisant jeune homme qui pointait un doigt vers Condor.

– On lui règle son compte maintenant ? suggéra Steph.

– Oui ! J'ai trop hâte ! dit Lisa.

– Et moi donc ! marmonna Carole.

À mesure que Lisa conduisait Condor vers sa maîtresse, les jeunes gens s'écartaient sur leur passage, à la fois effrayés, admiratifs et abasourdis. Bizarrement, Condor n'eut aucune réaction lorsqu'il se retrouva devant Veronica. « Comme s'il ne la connaissait pas », songea Lisa. Elle esquissa son plus beau sourire.

– Bonsoir, Veronica. Comment vas-tu ? Nous, très bien, merci. Eh, oui, Condor va aussi très bien, merci beaucoup. Tu ne trouves pas qu'il a un poil très soyeux ?

– Et toi, tu as drôlement bonne mine ! enchaîna Steph. C'est quoi, ton secret de beauté ? Les masques de boue, peut-être ?

– Ou les bains de boue ? renchérit

Carole. La boue du Pin creux est superbonne pour la santé, paraît-il !

Figée comme une statue, les yeux écarquillés, Veronica contempla tour à tour Carole, Lisa et Steph, puis Condor, puis de nouveau les trois amies.

– Qu'est-ce que ça veut dire ? Tu connais ces filles ? s'écria son compagnon.

En costume clair, il était aussi chic, et visiblement aussi prétentieux, que Veronica. Une moue de dédain aux lèvres, celle-ci lui jeta un bref coup d'œil :

– Euh, non… Enfin, oui, mais… Si on allait danser ?

Et elle s'éloigna sans même avoir salué son cheval. Lisa, Carole et Steph échangèrent un sourire complice.

– But ! commenta Lisa.

– Double, triple, quadruple but ! pouffa Steph.

– Je donnerais tout pour savoir ce qu'elle pense, dit Carole en riant. Elle doit se demander comment on a réussi à être là, avec un Condor tout beau, tout propre…

Entendant son nom, le pur-sang poussa un hennissement joyeux.

– Traduction : alors, on danse ? s'esclaffa Lisa. Tu as raison, Condor ! On n'est pas venus ici pour prendre racine !

***

Lisa, Carole et Steph étaient les stars du bal. Ou plutôt, Condor était la vraie, l'unique star, escortée de ses fans ! Phil avait rejoint les jeunes filles, en compagnie de Tony et Mark. Ce dernier avait déposé un baiser sur la joue de Lisa… et depuis la jeune fille sentait son cœur battre à tout rompre. Heureusement, personne ne risquait de s'en rendre compte : Steph était en train de raconter à sa manière – c'est-à-dire en exagérant tout, comme au théâtre – leurs mésaventures de la soirée, et les garçons ne cessaient de rire. Tant mieux !

L'agitation et l'étonnement suscités par leur apparition s'étaient un peu apaisés : sous le chapiteau, l'ambiance était de nouveau à la fête. Certains jeunes dansaient, d'autres continuaient d'observer Condor avec stupeur... Alors que le disc-jockey qui animait la soirée mettait un disque de rock, Condor leva la tête, oreilles dressées, naseaux frémissants, et piaffa plusieurs fois.

– Mais oui, il meurt d'envie de danser ! s'exclama Lisa.

Elle se hissa adroitement sur la selle et, sous le regard hilare de ses amis, mena Condor au milieu de la piste. En tapant dans leurs mains, Carole, Steph et Phil les rejoignirent et se mirent à danser de chaque côté de Condor. Seul Mark demeura en retrait. Mais il ne quittait pas Lisa et Condor des yeux, à la fois sidéré et admiratif. Alors, emplie d'un sentiment d'allégresse mêlée de fierté, Lisa incita Condor à esquisser des pas : trois en avant, trois de côté, trois en arrière... Condor lui obéit en souplesse. Merveilleux ! Tout autour du cheval et de la jeune cavalière, la foule s'écartait prudemment...

– J'hallucine ? lança un garçon. Ce cheval danse le rock !

Bientôt, un attroupement se forma ; tout le monde fixait Lisa et Condor avec fascination. Le pur-sang dut le sentir car, de lui-même, il se mit à bouger encore plus en rythme. Les spectateurs se remirent à danser en frappant dans leurs paumes pour encourager Condor… Puis, comme le morceau s'achevait, Lisa tira doucement sur les rênes afin d'immobiliser sa monture et lui demanda de faire une révérence : l'un des numéros de dressage qu'ils apprenaient au Pin creux. Des applaudissements enthousiastes s'élevèrent de toutes parts. Tandis que Lisa mettait pied à terre, Condor entrouvrit les lèvres : il attendait sa récompense.

– Tu es génial ! s'exalta Lisa en lui grattant le bout du nez. Il faut lui trouver des carottes ! s'adressa-t-elle à ses amis.

– Il y en a plein sur le buffet, dit Steph. On va aller en chercher des tonnes…

À ce moment-là, Lisa croisa le regard de Mark. Il se tenait un peu à l'écart, l'air timide, les yeux brillants. La jeune fille eut alors l'intuition qu'il mourait d'envie de tenter la même expérience qu'elle. Spontanément, elle mena Condor jusqu'à Mark :

– Dis, tu veux danser ? Pas avec moi, mais avec…

Elle acheva sa phrase en désignant le pur-sang. Mark éclata de rire :

– Tu sais, ça me ferait aussi plaisir de danser avec toi !

9

Mark ne se fit pas prier davantage. Il s'empara des rênes de Condor, et se hissa souplement sur le cheval. Après quoi, il le fit pivoter pour le mener jusqu'au centre de la piste. Les enceintes diffusaient de nouveau un air de rock. Condor se laissa mener et, presque instantanément, recommença à esquisser des pas de danse…

– D'accord, Mark a l'air doué, mais c'est avec toi qu'il devrait danser ! dit Steph à Lisa.

– Tout à l'heure, peut-être, répondit Lisa en rougissant.

– En tout cas, Mark monte super bien, commenta Carole.

– Il est un excellent cavalier, intervint Phil. Regardez ! Condor danse vraiment !

C'était la vérité : guidé par le jeune homme, le pur-sang ondulait, virevoltait… Incroyable ! Tout autour, des spectateurs admiratifs s'attroupaient. Certains formèrent une ronde autour du cavalier et de sa monture, tapant des mains en mesure.

– Condor a l'air d'adorer ce qui se passe, observa Carole. Oui, il adore… Lisa, tu as eu une idée géniale. Bravo !

Phil regarda Lisa d'un air incrédule :

– Parce que c'est à cause de toi, tout ça ?

Lisa se contenta de hocher la tête. Elle s'amusait comme jamais !

– Et pour une fois, moi, j'ai été sage, déclara Steph. Pourvu que je ne m'y habitue pas !

Carole et Lisa éclatèrent de rire.

– N'empêche, maintenant, j'aimerais

bien que Mark danse un peu avec Lisa, reprit Steph.

– Je m'en charge, dit Phil en lui lançant un clin d'œil. Je vais demander qu'on passe un slow…

– Phil, non ! protesta Lisa.

Trop tard. Se frayant un passage dans la foule, Phil se dirigeait déjà vers le disc-jockey.

– C'est malin ! marmonna-t-elle.

– Il faudrait savoir ce que tu veux ! rétorqua Steph, taquine. Et puis, Mark sera bientôt libre, parce que je vais prendre sa place : ça me plairait bien de danser avec Condor…

– Impossible ! décréta Carole en fronçant les sourcils. Condor transpire…

Lisa et Steph reportèrent leur attention sur le pur-sang. En effet, le cheval commençait à montrer quelques signes de nervosité : des frémissements à fleur de peau. Au fond de lui, la tension, provoquée par l'agitation ambiante, montait. D'ailleurs, Mark s'en rendit compte et, sitôt le morceau de musique terminé, il immobilisa Condor et mit pied à terre. Des applaudissements s'élevèrent d'un peu partout sous le chapiteau. Condor secoua la tête, s'ébroua bruyamment.

– Condor, tu es fantastique, dit Mark en lui tapotant l'encolure. Un véritable artiste… Mais il est fatigué, signala-t-il à Carole, Steph et Lisa.

– On l'a remarqué, répondit Lisa. Il a besoin d'air, d'eau et de douceurs…

Carole courut chercher un saladier empli de carottes sur le buffet, et le présenta au pur-sang. En quelques secondes, Condor avait croqué la moitié des légumes. Ensuite, il trempa le bout du nez dans le verre d'orangeade que tenait Steph.

– Je crois qu'il a soif ! s'esclaffa la jeune fille.

– Il faut le faire sortir, déclara Carole, et trouver un seau pour lui donner à boire.

– Et après, on appellera Julie, ajouta Lisa. Allons-y.

– Nous, on y va. Amuse-toi un peu encore ! insista Steph.

Et, sans plus tarder, Steph et Carole s'éloignèrent avec Condor. Les suivant du regard, Lisa se douta que ses amies avaient fait cela pour qu'elle se retrouve seule avec Mark ! À ce moment-là, comme par hasard, les enceintes diffusèrent les premières notes d'un slow… « Merci, Phil ! » songea Lisa. Mark lui sourit, et elle sentit qu'elle s'empourprait. À son grand soulagement, elle s'aperçut que Mark rougissait également. Vite, elle chercha quelque chose à dire…

– Tout à l'heure, tu étais vraiment super avec Condor.

– Merci. Condor est un cheval merveilleux.

– Oui, mais on avait vraiment l'impression qu'il dansait ! Grâce à toi, insista Lisa.

– Peut-être parce que je prends des cours de danse depuis l'âge de huit ans… Ne ris pas ! Ma mère est terriblement vieux jeu, et elle veut que je connaisse toutes les danses. La valse, par exemple…

Lisa ne put cacher son étonnement :

– On a un point commun ! Ma mère est

aussi terriblement vieux jeu. Et moi aussi, je fais de la danse… mais depuis l'âge de sept ans. Je te bats !

Mark s'inclina devant elle avec un petit air moqueur :

– Alors, faisons honneur à nos mamans, et dansons !

Lisa n'avait encore jamais dansé avec un partenaire qui ne nouait pas les bras autour de sa taille comme si elle avait été un sac de pommes de terre : Mark, lui, savait l'enlacer ! Et elle n'avait encore jamais dansé avec un garçon qui lui plaisait autant…

– Lorsqu'on est deux à savoir danser, c'est quand même mieux, non ? lui murmura Mark à l'oreille, comme en écho à ses pensées.

Émue, Lisa garda le silence quelques instants.

– C'est sûr…

Puis elle ferma les yeux et se blottit contre Mark. Elle avait la sensation de flotter sur un nuage rose…

***

Carole, Steph et Phil s'efforçaient d'empêcher la foule de curieux de trop s'approcher de Condor quand, main dans la main, Lisa et Mark les rejoignirent.

– Salut, les amoureux ! plaisanta Phil avant de se placer devant Condor pour éviter qu'un garçon touche le cheval. Doucement, jamais devant, il risquerait d'avoir peur, recommanda-t-il.

Des dizaines et des dizaines de jeunes se pressaient, impatients de voir Condor de plus près. Le pur-sang ne cessait de s'ébrouer, trahissant une nervosité grandissante.

– Vivement que Julie arrive, soupira Carole.

– Tu l'as appelée il y a longtemps ? demanda Lisa.

– Non, il y a cinq minutes. J'ai hâte qu'elle soit là…

L'attroupement devenait trop dense… Et les questions fusaient sans arrêt : quel âge avait ce cheval ? Que mangeait-il ? Comment avait-il appris à danser ? Que savait-il faire d'autre ? À quelqu'un qui demandait comment il s'appelait, Lisa ne put s'empêcher de plaisanter :

– En principe, il se nomme Condor. Mais ce soir, il est notre prince charmant !

– Votre prince charmant ? railla une voix suraiguë. Trop drôle !

C'était Veronica qui arrivait, accompagnée de son partenaire.

– Aucun garçon ne voulait de vous, alors vous avez dû vous contenter d'un cheval ! persifla-t-elle. Pauvres filles !

Un étrange silence s'abattit sur l'assistance. On aurait presque pu entendre une mouche voler.

– Tu te trompes, Veronica, déclara Lisa, très calme, en prenant la main de Mark. Mais la vérité ne te concerne pas... Toi, tu ne connais que le mensonge, hein ?

– Le mensonge ? répéta Veronica. Tu oses me dire ça ?

Ses yeux lancèrent des éclairs :

– Alors que depuis tout à l'heure, tes copines et toi, vous vous faites passer pour les maîtresses de mon cheval ?

– C'est ton cheval ? s'exclama quelqu'un. On ne l'aurait jamais cru !

– Si c'est ton cheval, pourquoi tu n'as pas dansé avec lui ? demanda quelqu'un d'autre.

Exaspérée, Veronica rejeta en arrière une mèche de cheveux.

– Parce que...

À ce moment-là, deux jeunes filles munies d'appareils photo s'approchèrent de Condor.

– On travaille pour le journal de l'école, annonça l'une d'elles. On adorerait réaliser un reportage sur ce beau cheval rockeur...

Retrouvant aussitôt le sourire, Veronica s'avança, prenant une pose avantageuse :

– Ça tombe bien, je suis la propriétaire de Condor. Que souhaitez-vous savoir ?

Les jeunes journalistes la regardèrent d'un air perplexe, avant de se tourner vers Lisa, Steph et Carole. Ignorant Veronica, elles expliquèrent alors qu'elles souhaitaient s'entretenir avec les personnes ayant monté

Condor durant la soirée... Furieuse, Veronica insista pour prendre la parole... En vain ! D'autant que le Club du Grand Galop se montrait intarissable sur Condor... Quelques photos furent prises, puis quelqu'un suggéra de déguiser Condor :

– Si on lui donnait une allure plus rock ? On lui met une casquette de base-ball...

– Et des lunettes ! ajouta un garçon en riant. J'ai exactement ce qu'il faut...

Il brandit une paire de lunettes de clown géantes.

– Excellente idée ! approuva l'une des journalistes, ravie. Vous êtes d'accord pour faire la « une » ? demanda-t-elle au Club du Grand Galop.

Après s'être concertées, Lisa, Carole et Steph acceptèrent : Lisa posa la casquette sur la tête de Condor, puis lui glissa délicatement les lunettes sur le nez. Les flashes crépitèrent, des rires fusèrent, et les spectateurs applaudirent.

– Oh, mon Condor, tu es trop mignon ! s'écria Carole.

– Comment ça « mon » Condor ? fulmina Veronica. C'est mon cheval ! Il m'appartient !

Mais personne ne l'écoutait.

– Il est vraiment unique, Condor, chuchota Mark à l'oreille de Lisa. Et cette Veronica est tout simplement ridicule…

Lisa ne put retenir un éclat de rire. Elle n'en revenait toujours pas que Condor ait si bien joué le jeu. Il avait semblé s'amuser royalement ! Presque autant qu'elle-même… Une délicieuse exaltation envahit la jeune fille. Elle savait qu'elle reverrait bientôt Mark : leurs clubs respectifs participeraient à une rencontre régionale dans moins d'une semaine. Décidément, cette soirée, qui avait horriblement mal commencé, se terminait si bien…

– Tu es un cheval fabuleux, murmura-t-elle à Condor en laissant ses doigts glisser dans l'épaisse crinière du pur-sang. Et maintenant, on va vite te ramener chez toi…

– Avant minuit ! plaisanta Mark. Sinon, le prince charmant risque de se transformer en… cheval !

Ils riaient de bon cœur quand Veronica s'approcha, les sourcils froncés.

– Je vous préviens, ça ne se passera pas comme ça ! Je…

Elle s'interrompit, car le van de Julie se garait à quelques mètres de là. La vétérinaire descendit du véhicule et, souriante, se dirigea vers le groupe.

– Alors, comment se porte notre prince charmant ?

Comme Veronica la fusillait du regard, le Club du Grand Galop, Mark et Phil partirent d'un même éclat de rire. Sans le savoir, Julie venait de clouer le bec à la riche cavalière… et en beauté !

– Il va très bien, répondit Lisa. Il est la star de la soirée… Pas vrai ? ajouta-t-elle à l'attention des jeunes rassemblés autour d'eux.

Un « oui ! » enthousiaste et unanime s'éleva. De nouveau, les flashes crépitèrent. Julie caressa affectueusement les oreilles de Condor.

– Eh bien, qui l'eût cru ? Condor est devenu une vedette…

– Mais il est fatigué, maintenant, ajouta Carole.

– Je le vois. C'est bien normal, dit Julie.

S'emparant du licol, elle mena le pur-sang jusqu'au van. Carole et Steph abaissèrent la rampe d'accès, et Lisa accompagna Condor à l'intérieur. Avant de sortir, elle se blottit quelques secondes contre le cheval, rêvant d'être un jour la maîtresse d'un animal aussi merveilleux…

– Au revoir, cheval charmant ! lança quelqu'un.

– Merci pour le spectacle ! Tu es un champion ! ajouta quelqu'un d'autre.

– Il s'appelle « Cheval charmant » ? s'enquit une fille.

– Non, Condor ! répondit Veronica. Et c'est mon cheval ! Il est à moi !

– Tu rigoles ? répliqua une autre personne. Il est à la fille qui l'a monté tout à l'heure, non ?

Échangeant un sourire victorieux, Lisa, Carole et Steph se hâtèrent de s'installer dans le van. Déjà au volant, Julie s'apprêtait à démarrer. Lisa eut à peine le temps de dire au revoir à Mark. Il lui adressa un signe amical tandis que la camionnette s'éloignait.

– Alors, vous vous êtes bien amusées ? s'enquit Julie.

– Oh, oui ! Je n'oublierai jamais ce bal ! assura Carole.

– Condor a vraiment dansé ! précisa Lisa. Il est fabuleux, génial…

– Il nous a drôlement impressionnées, ajouta Steph.

Après une courte pause, elle poursuivit sur un ton moqueur :

– Mais quand même, là on rate le clou du spectacle…

– Comment ça ? interrogea Julie.

– Veronica est en train de se ridiculiser devant tout le monde… Dommage qu'on ne puisse pas voir ça ! conclut Lisa.

Un éclat de rire général retentit dans le van. À l'arrière, Condor lança un drôle de hennissement, comme s'il avait compris…

FIN

EXTRAIT

Retrouve vite
le Club du

GRAND GALOP

dans

LISA EN DANGER !

EXTRAIT

– Et voilà, je suis en retard ! soupira Lisa Atwood en arrivant au Pin creux ce samedi matin-là. Merci, maman !

Pourtant, elle avait couru tout le long du trajet ! Sa mère avait comme par hasard choisi le moment où elle partait pour lui annoncer « la bonne nouvelle ». Heureusement, aujourd'hui, elle n'avait pas besoin de préparer Prancer, la jument qu'elle montait : aucune balade à cheval n'était prévue. Max Regnery, le propriétaire du Pin creux, donnait un cours théorique d'équitation.

Lisa prit tout de même le temps d'aller saluer Prancer ; puis elle se mit à la recherche de ses deux meilleures amies, Carole Hanson et Stéphanie Lake. Elles se trouvaient, comme elle s'en était doutée, près de leurs chevaux, dans l'écurie.

Carole était en train de donner à manger à Diablo, pendant que Steph discutait avec Arizona :

– Ma belle, tu ne peux pas venir avec moi à une conférence ! Même si tu me promets de t'asseoir tout au fond et de rester tranquille !

Malgré ses soucis, Lisa ne put s'empêcher de sourire en imaginant Arizona assise dans un coin à écouter attentivement le cours de Max.

– Peut-être qu'en lui mettant un faux nez et des lunettes noires on pourrait la faire passer pour un visiteur de marque ou un futur membre du Pin creux, plaisanta-t-elle en entrant dans l'écurie.

Steph leva les yeux :

– Ah, salut Lisa. Bonne idée ! En cherchant bien, je dois pouvoir dénicher un déguisement quelque part...

EXTRAIT

Steph était connue pour son goût des blagues et ses idées farfelues. Carole et surtout Lisa étaient bien plus sérieuses qu'elle, mais cela n'avait pas empêché les trois jeunes filles de devenir très amies, et même de former le Club du Grand Galop. Pour en être membre, il fallait adorer les chevaux et être prêt à s'entraider en toutes circonstances.

Lisa soupira : malheureusement, dans le cas présent, le Club du Grand Galop ne pouvait pas faire grand-chose pour elle.

« Allez, il faut leur dire ! Le plus tôt sera le mieux », s'encouragea-t-elle.

Steph était en train d'expliquer à Carole qu'il était tout à fait possible d'aimer les chevaux et d'avoir un petit ami :

– C'est vrai, Phil habite un peu loin. Mais, au moins, je ne l'ai pas sur le dos tous les jours ! Et, en plus, il adore les chevaux… Si tu pouvais trouver un copain comme ça, ça serait chouette, on pourrait faire de super

balades. Le week-end prochain…
Lisa lui coupa la parole :
– À propos de ce week-end… Je ne pourrai pas venir.
– Quoi ! s'exclama Steph. Comment ça, tu ne pourras pas venir ? Qu'est-ce qui se passe ?
Steph réagissait à sa manière, excessive ; mais elle avait des raisons de s'inquiéter : il fallait qu'il se passe quelque chose de grave pour que l'une ou l'autre des trois ne vienne pas au Pin creux le week-end.
– C'est à cause de ma mère…, commença Lisa. Elle s'est fait une nouvelle amie, Mme Mills, qui vit à Hawksmann.
– La petite ville chic à trente kilomètres d'ici ? demanda Steph.
– Oui… Vous voyez l'endroit : très snob, exactement ce qui plaît à ma mère. Mme Mills a invité mes parents à une vente de charité samedi prochain. Et après, il y aura une fête.

EXTRAIT

– Où est le problème ? intervint Carole. Si tes parents ne veulent pas te laisser seule à la maison le soir, tu pourras venir chez moi.
– Bonne idée ! enchaîna Steph. Sauf si, d'ici à samedi, tu te trouves enfin un petit ami, et que tu veux rester un peu avec lui…
– Steph, puisque je te dis que je ne cherche pas de petit ami…
Lisa les interrompit, un peu énervée : ses amies ne semblaient pas avoir compris qu'elle ne pourrait pas être avec elles samedi.
– Ce qui ne va pas, c'est que ma mère veut que j'aille moi aussi à Hawksmann, et que je passe la journée avec la fille de Mme Mills. Elle s'appelle Marguerite.
Steph fit une moue étonnée :
– Mais pourquoi ça ? Tu la connais ?
– Bien sûr que non ! C'est encore un truc de ma mère… Elle a été tellement impressionnée par Mme Mills qu'elle pense que je dois absolument fréquenter Marguerite.

EXTRAIT

« C'est exactement le genre d'amie qu'il te faut, ma chérie... » Elle a donc prévu que j'irais faire une promenade à cheval avec Marguerite l'après-midi, et qu'ensuite j'attendrais avec elle que mes parents rentrent de la fête. Et tout ça me fait rater une journée entière avec vous au Pin creux... Et une chouette balade !

Elle s'assit lourdement sur une botte de foin.

– Ce n'est pas si grave, la consola Carole. Au moins, cette Marguerite fait du cheval...

– Et elle est peut-être sympa, enchaîna Steph. Une balade dans un nouveau coin, avec une nouvelle amie, moi, j'aimerais bien...

– Vous êtes gentilles, les filles, mais le problème, c'est que ma mère a encore décidé de ce que je devais faire, et ne m'a même pas prévenue... C'est toujours pareil !

– Oui, bien sûr... Marguerite monte dans quel club ? demanda Carole pour changer discrètement de sujet.

EXTRAIT

– Ça s'appelle le Blason du renard... Vous voyez le genre !
– Oui, évidemment, avec un nom pareil, ça doit être vachement snob, admit Steph. Tiens, vous savez qui devrait aller y faire un tour ?
Lisa et Carole virent tout de suite de qui Steph voulait parler : Veronica Angelo. Veronica appartenait à l'une des familles les plus riches de la ville, et elle pensait que cela faisait d'elle quelqu'un de supérieur aux autres. Snob, prétentieuse, égoïste : même si elle était plutôt bonne cavalière, elle avait peu de chances de faire un jour partie du Club du Grand Galop !
– Ça serait parfait ! continua Steph. On range toutes les snobs ensemble ! Loin de nous ! À trente kilomètres, je suis sûre que Veron... aïe ! Mais pourquoi tu me frappes ?
Steph n'eut pas besoin que Carole lui réponde pour comprendre : Veronica venait juste d'entrer. Apercevant les trois amies,

EXTRAIT

elle fronça les sourcils :

– Qu'est-ce que vous faites encore là ? Vous ne devriez pas être en train de fayoter auprès de Max, à l'heure qu'il est ?

Carole et Lisa ne prirent pas la peine de répliquer. Elles se moquaient bien de savoir que Veronica les considérait comme les chouchous du propriétaire du Pin creux. Si Veronica était moins paresseuse et ne s'esquivait pas à chaque fois que Max avait besoin de quelqu'un pour l'aider, il l'apprécierait sans doute plus…

Découvre vite la suite de cette histoire
dans
LISA EN DANGER !
N° 659 de la série

GRAND GALOP

GRAND GALOP

601. Les trois font la paire
602. Il faut sauver le club !
603. Une Étoile pour le club
604. En vacances au ranch
605. Tricheries au club !
606. Pour l'amour d'un cheval
607. Un cheval pour pleurer
608. Une naissance au club
609. Coups de cœur au club
610. Aventures au Far West
611. Un concours à New York
612. Le club prend des risques
613. Un poulain en danger
614. Rodéo pour le club
615. Au galop sur la plage
616. Une sacrée équipe !
617. Kidnapping au club
618. Une randonnée très périlleuse
619. Une star au Pin creux
620. Un si lourd secret
621. Panique au Pin creux
622. Un défi pour le club
623. Des vacances mouvementées
624. Lune de miel au Pin creux
625. Anniversaire au club
626. Une amitié à toute épreuve
627. Une escapade orageuse
628. Une fiancée pour Max !
629. Une leçon d'amitié
630. Coup de théâtre au Pin creux
631. Une étrange maladie
632. Secret de famille
633. Un cadeau inespéré
634. Sabotage au Pin creux
635. Des cavaliers en détresse
636. Une parade pour Sam
637. Randonnée sous les étoiles
638. Mariage au Pin creux
639. Au revoir, Tornade
640. Un cheval pour Mélodie
641. Un poulain insoumis
642. Une cavalière pas comme les autres
643. Une semaine de folie
644. Le Club fait son cinéma
645. Une bêtise de trop
646. Lisa se rebelle
647. Une cousine trop parfaite
648. Le Club s'affole
649. Une rivale au Pin creux
650. En route pour le camp !
651. Menace sur le camp
652. L'accident de Max
653. Chantage à l'hippodrome
654. Le club sur les ondes
655. Nuit d'angoisse à l'écurie
656. Un invité au Club
657. Une jument trop sauvage
658. En voyage à New York
659. Lisa en danger !
660. Le Club mène la danse

Impression réalisée sur CAMERON par

BRODARD & TAUPIN

GROUPE CPI

La Flèche
en octobre 2003

Imprimé en France
N° d'impression : 20386